Ausgebrannt? Selber schuld!

AUSGEBRANNT?

– SELBER SCHULD!

LEHRER*IN

Wie strukturelle Belastungen im System Schule zum Problem
der einzelnen Lehrkraft gemacht werden und sich daraus
ein Geschäftsmodell entwickelt hat.

Lilly Lempel

Über die Autorin

Frau Lilly Lempel (geb. 1969) trat 1997 in den Schuldienst an einer öffentlichen Schule in Deutschland ein. Seither geht es nicht nur mit den Schulen, sondern auch mit Frau Lempel bergab.

Bibliografische Information der Deutschen Nationalbibliothek
Die Deutsche Nationalbibliothek verzeichnet diese Publikation in der Deutschen Nationalbibliografie; detaillierte bibliografische Daten sind im Internet über http://dnb.d-nb.de abrufbar.

Die automatisierte Analyse des Werkes, um daraus Informationen insbesondere über Muster, Trends und Korrelationen gemäß §44b UrhG (»Text und Data Mining«) zu gewinnen, ist untersagt.

Verlag: BoD · Books on Demand GmbH, In de Tarpen 42, 22848 Norderstedt, bod@bod.de
Druck: Libri Plureos GmbH, Friedensallee 273, 22763 Hamburg

ISBN: 978-3-7693-8522-9

Inhaltsverzeichnis

»Ich bin Lehrerin und meine Nerven sind ständig auf Wandertag!«

(Dämlicher Spruch auf einer Produktlinie von Tassen und Stofftaschen)

Unbekannte Autorenschaft, mutmaßlich rückschrittliches Frauenbild

Vorwort

»Herzlich willkommen an Ihrem Arbeitsplatz. Er ist laut, eng, unsauber und die Räume haben eine sehr schlechte Luftqualität. Ihre Arbeit ist körperlich, geistig und emotional sehr anstrengend. Es gibt weder ausreichend Platz noch Ruhe für die notwendige Fokusarbeit, die mit Ihrer Arbeitsstelle verbunden ist. Zeit für Pausen oder zum Essen gibt es auch nicht. Wir gehen darüber hinaus davon aus, dass Sie sich bereits vor Antritt der Arbeitsstelle mit Ihren frühkindlich erworbenen Verhaltensmustern in potenziell konfliktreichen Kommunikationssituationen auseinandergesetzt haben, um sich hier bestmöglich einfügen zu können.«

Wenn mir jemand zu Beginn des Arbeitslebens so deutlich gesagt hätte, was mich am Arbeitsplatz Schule erwartet, hätte ich vielleicht noch mal zu Plan B gewechselt. Stattdessen war auch in meiner Wahrnehmung Schule ein eher abstrakter Lern- und Bildungsort, an dem es vor allem um höhere, immaterielle Dinge wie Lehre und Beziehungsarbeit ging und nicht um eine gesunde Arbeitsumgebung.

Inzwischen hat sich meine Sichtweise geändert, und ich bin überzeugt davon, dass arbeitsmedizinische Aspekte viel mehr in den Fokus rücken müssten, um den derzeitig herrschenden Lehrkräftemangel in den Griff zu bekommen. Der Ansatz der letzten Jahre, mehr oder weniger ausschließlich die einzelne Lehrkraft für ihren gesundheitlichen Zustand verantwortlich zu machen, ohne den Arbeitsort Schule dabei ernsthaft in den Blick zu nehmen, hat die Lage nicht wirklich verbessert.

Stattdessen haben sich Kurse und Hilfsangebote für Lehrkräfte, die auf individuelle Verhaltensänderung abzielen, zu einem guten Geschäftsmodell entwickelt. Ausgebrannt? Selbst schuld! Sie haben einfach im großen Angebot an Kursen, Büchern, Accessoires, Websites und Coachingangeboten noch nicht das richtige gesucht oder gefunden!

Das stimmt aber nicht. Denn in der Arbeitsmedizin gilt der Lehrberuf aufgrund gut erforschter Parameter, von denen viele jenseits des persönlichen Verhaltens liegen, als Risikoberuf mit einer deutlich erhöhten Gefahr für Erkrankungen.

In Deutschland gibt es etwa 35.000 Schulen, dennoch behaupte ich nicht, dass die Arbeitsbedingungen an allen Schulen gleich sind. Es gibt sicher Schulen, an denen die Belastungsfaktoren, die in diesem Buch aufgelistet werden, nur teilweise oder im besten Falle gar nicht auftreten. Dennoch gibt es ausreichende Daten, die die gesundheitlichen Risiken des Lehrberufs und den gesundheitlichen Zustand von Lehrkräften im ganzen Land gut belegen.

Der nachstehend aufgeschriebene Selbstversuch hat so oder so ähnlich stattgefunden. Vielleicht auch ganz anders. Um zu überprüfen, ob meine Wahrnehmung statistisch signifikant ist, habe ich etliche Quellen herangezogen. Bei der sprachlichen Darstellung gebe ich in meinen Zitaten Gendersternchen oder Binnen-I oder reine Verwendung der männlichen Form genauso uneinheitlich wieder, wie sie in den ursprünglichen Texten verwendet wurden.

Zwei Drittel aller Lehrkräfte an Schulen in Deutschland sind Frauen, was die Verwendung einer rein weiblichen Form allerdings durchaus eine Erwägung wert erschienen ließ.

Die Repräsentation der »Bildung« in der öffentlichen Debatte ist dagegen immer noch sehr männlich geprägt. Hoffentlich schließt sich diese Repräsentationslücke in der Zukunft.

Ach ja, und bitte die Yogaübung mit dem Kopfstand auf keinen Fall nachmachen, ohne vorher ärztlichen Rat eingeholt zu haben!

Einstimmung

Neues Schuljahr, neuer Start!

Ab morgen wird alles anders! Statt weiter zu den Hunderttausenden von erschöpften Lehrkräften in Deutschland zu gehören, werde ich der kleinen Minderheit beitreten, die sich in diesem Beruf »gesund« und »weitgehend beschwerdefrei« fühlt[1].

Seit Jahren schleppe ich mich zunehmend ermattet in die Schule, und so kann das ja nicht weitergehen! Schließlich habe ich noch 15 Jahre vor mir. In den letzten Wochen der Sommerferien habe ich mich deshalb intensiver als zuvor mit dem Thema Lehrkräftegesundheit beschäftigt und endlich verstanden, dass der Schlüssel zu meinem Wohlbefinden allein bei mir liegt. Ich hatte also bisher noch zu viel falsch gemacht, indem ich auf eine Änderung von außen gewartet hatte.

Ausschlag hatte ein Artikel mit dem Titel »*Lehren ohne Stress ist möglich*« gegeben, in dem stand, dass folgende Ursachen für das Belastungserleben von Lehrkräften ausschlaggebend seien:

- hohes Arbeitspensum
- Personalmangel

---

1 https://www.aerzteblatt.de/archiv/170601/Lehrergesundheit

- Lernrückstände bei Schülerinnen und Schülern
- administrative Aufgaben und
- der Druck, bestimmte Leistungsstandards zu erfüllen.

Dem konnte ich nur beipflichten. Deswegen war ich ja so erschöpft. Glücklicherweise lieferte der Artikel den Lösungsansatz ein paar Zeilen weiter gleich mit. Lehrkräfte müssen erkennen, »welche Faktoren in eine Überforderung führen. Das können

- übermäßiger Perfektionismus sein, aber auch
- falsche Ernährung,
- ein Mangel an Bewegung und Sport oder
- unerfüllte Wünsche im Privatleben. Daneben kann es auch ratsam sein, sich mit
- familiären Vorbelastungen zu beschäftigen.«[2]

Ein bestechender Kausalzusammenhang, der sich mir sofort erschloss. Durch intensives Arbeiten an mir selbst würde alles einfacher werden. Angebote zur Lehrkräftegesundheit gibt es reichlich, ich musste nur das passende Angebot für mich finden. Und unerfüllte Wünsche im Privatleben hatte ich natürlich ganz heimlich auch! Eine gute Bohrmaschine zum Beispiel.

Mein übermäßiger Perfektionismus, den ich mir dringend abgewöhnen muss, ließ mich gleich den All-in-one-Powerkurs

---

2 Zeitschrift »Bildungspezial 1/2024, Friedrich Verlag, Hannover, S. 21

mit zehn Modulen zu *Ernährung, mentaler Gesundheit, Schlafhygiene, geeignetem Sportprogramm, Yoga, Resilienz, Ändere-dein-Mindset* etc. buchen. Glücklich im Beruf nach nur drei Wochen! (Das Geld für die Bohrmaschine war dann natürlich nicht mehr übrig.)

Gestern Abend kam ich vom letzten Modul zurück, und morgen geht es schon vor dem Frühstück los. Zur Einstimmung lege ich noch ein bisschen Lektüre bereit und gehe ins Bett.

Lektüre 1: *Das Lehrerzimmer*, hrsg. von der Deutschen Gesetzlichen Unfallversicherung

»Gefährdungen und krankmachende Belastungen entstehen durch folgende Faktoren:

- Ungünstige Raumzuschnitte,
- Räumliche Enge,
- Fehlende Räumlichkeit für unterschiedliche Funktionen und Bedarfe,
- Lärm und schlechte Akustik,
- Häufige Störungen oder
- fehlende Ruhe,
- Unzureichende Ausstattung mit Mobiliar oder Arbeitsgeräten,
- Nicht ergonomisches Mobiliar,
- Unzureichende Belichtung und Beleuchtung,
- Unzureichendes Raumklima.«[3]

---

3 https://www.unfallkasse-nrw.de/fileadmin/server/download/ Regeln_und_Schriften/Regeln/102-601.pdf, S. 33

Lektüre 2: *Empfehlung zur Gesundheitsförderung und Prävention in der Schule* (Beschluss der Kultusministerkonferenz vom 15.11.2012):

»Die Gewährleistung von Sicherheit und Gesundheit durch Maßnahmen der Arbeitssicherheit und des Gesundheitsschutzes zählen zu den Aufgaben von Schulleitungen und sind für die schulische Personal- und Organisationsentwicklung wichtig. [...] Ein wesentlicher Baustein des schulischen Konzepts sind Fortbildungen für Lehrkräfte.«[4]

Ich fühle mich verstanden. Es gibt zahlreiche arbeitsmedizinische Studien zu den Belastungsfaktoren im Lehrberuf. Wie gut, dass sich die Kultusministerkonferenz der Länder darum kümmert und die Schulleitungen in die Pflicht nimmt. Dass die seither selbst noch nicht auf die Idee gekommen sind, mehr bauliche Maßnahmen zum Lärmschutz zu ergreifen, Klassen zu verkleinern oder mehr Ruheräume bereitzustellen? Ich glaube aber, dass die das gar nicht dürfen. Dafür sind die Schulaufsichtsbehörden zuständig, also die entsprechenden Ministerien der Länder. Das sollten die in der KMK eigentlich wissen ...

Auch egal! Als wesentlicher Baustein zum Gesundheitsschutz waren ja ohnehin Fortbildungen für Lehrkräfte angegeben. Es liegt also nur an mir, zukünftig den Widrigkeiten des Schulalltags zu trotzen, den Lärm nicht mehr als solchen zu empfinden, die schlechte Raumluft nicht mehr einzuatmen

---

4   https://www.kmk.org/fileadmin/veroeffentlichungen_beschluesse/2012/2012_11_15-Gesundheitsempfehlung.pdf, S. 5

und den Zeitdruck zu akzeptieren. Und ich bin nach meinem mehrtägigen Powerkurs *Gesund bleiben als Lehrkraft* gewappnet. Zufrieden schlafe ich ein.

* * *

Postskriptum: Hunderttausende Lehrkräfte fühlen sich erschöpft

In der Bundesrepublik arbeiten etwa 1,7 Millionen LehrerInnen, davon gut eine Million an öffentlichen Grundschulen, Realschulen, beruflichen Schulen, Gymnasien und Förderschulen.[5] Lehrkräfte sind in vielen Bereichen ebenso wie alle Akademiker insgesamt im Durchschnitt gesünder als andere Berufsgruppen.

Und trotzdem hat es dieser Beruf in sich. Denn nur eine Minderheit der Lehrkräfte fühlt sich gesund und weitgehend beschwerdefrei. Lehrkräfte leiden seit Jahrzehnten unabhängig von der Schulart häufiger als andere Erwerbstätige in Deutschland unter

- Erschöpfung und Müdigkeit
- Kopfschmerzen
- Angespanntheit

---

5 https://statistik.arbeitsagentur.de/DE/Statischer-Content/ Statistiken/Themen-im-Fokus/Berufe/AkademikerInnen/Berufs gruppen/Generische-Publikationen/2-8-Lehrkraefte.pdf?__ blob=publicationFile

- Antriebslosigkeit
- Schlaf- und Konzentrationsstörungen
- innerer Unruhe und
- erhöhter Reizbarkeit.

Dabei sind Lehrerinnen mehr betroffen als ihre männlichen Kollegen.[6]

Die meisten Lehrkräfte hören vor Erreichen der gesetzlichen Regelaltersgrenze auf eigenen Wunsch auf.[7]

Etwa ein Fünftel aller Lehrkräfte wird in die Frühpensionierung geschickt, die Zahlen sind seit Jahren konstant. Auch hier liegt die Zahl der weiblichen Lehrkräfte über der der Männer.[8]

Weniger als ein Drittel aller Lehrpersonen übt den Beruf bis zur gesetzlichen Regelaltersgrenze aus.

---

6 https://www.aerzteblatt.de/archiv/170601/Lehrergesundheit
7 https://www.destatis.de/DE/Presse/Pressemitteilungen/2018/12/PD18_509_742.html
8 https://www.aerzteblatt.de/archiv/170601/Lehrergesundheit; https://zfl.uni-koeln.de/sites/zfl/Publikationen/discussion-papers/discussion-paper_2023_4.pdf

Kaltstart mit Ei –
der gesunde Tagesbeginn

Mein Unterricht beginnt um 8 Uhr. Ich habe mir den Wecker auf 5 Uhr gestellt, ich will ja nicht gleich durch meinen Zeitplan in Stress geraten. Ich möchte wach und entspannt in den Tag starten, so steht es in den Kursunterlagen formuliert. Dabei hilft eine kalte Dusche, bei der man das Wasser langsam über Arme, Beine und besonders den Hals laufen lässt. Dadurch wird der Sympathikus, der anregende Teil des Nervensystems, abgeschwächt und der Parasympathikus stimuliert. Ein Glas Ingwerwasser bringt den Kreislauf ebenfalls in Schwung.[9]

Das empfohlene Dankbarkeitstagebuch habe ich gestern Abend schon bereitgelegt. Die erste Rubrik heißt *Heute freue ich mich besonders auf ...* Ich bin um diese Uhrzeit noch nicht so richtig wach und kann im Moment nur die nächste halbe Stunde überblicken. Draußen ist es ja auch noch dunkel. Also schreibe ich: *Heute freue ich mich besonders auf die kalte Dusche und das Ingwerwasser.*

Um 5.30 Uhr sitze ich am Frühstückstisch, vor mir das Ingwerwasser in einer Tasse aus der Produktlinie *Ich-bin-Lehrerin-und-was-ist-deine-Superkraft*. Davon gibt es auch

---

9   https://www.klett.de/inhalt/media_fast_path/145/02_Baustein_
    GesunderStart_Anleitung.pdf

praktische Stoffbeutel und Postkarten, aber man muss ja nicht schon am Anfang so viel Geld für Accessoires ausgeben.

Ich hätte gern etwas Stärkeres zu trinken, aber Koffein wird nicht empfohlen. Also suche ich auf einer Lehrergesundheitsseite die Übung *Kapalabhati statt Kaffee* raus. Das ist eine energetisierende Atemübung aus dem Yoga. Die Bemerkung der anderen Familienmitglieder »Warum schnaufst du denn so?« bleibt mir erspart. Die schlafen alle noch.

Es ist 6 Uhr, ich muss mich jetzt ums Frühstück kümmern, denn um kurz nach 7 Uhr muss ich los. Die Sache mit dem Frühstück ist gar nicht so einfach. Zum gesunden Lehrkräftefrühstück gibt es mehrere, sich teilweise völlig widersprechende Auffassungen. Ich halte mich an ein Rezept aus der Zeitschrift LehrerNRW, das ich in einem Artikel zur Lehrkräftegesundheit gefunden habe. »Konkret bedeutet dies ein bis zwei Eier, als Spiegel-/Rührei oder Omelette, ein Vollkornbrötchen mit Lachs, Quark oder Naturjoghurt mit Haferflocken und Beeren.«[10]

Die Stunde ist fast zu knapp bemessen, um das alles vorzubereiten und zu essen. Und es ist mir auch ein bisschen zu viel. Der Artikel hat mich allerdings überzeugt! »Der Lehrerberuf gehört mit komplexen Bildungs- und Erziehungsaufgaben zu den verantwortungsvollsten Berufen in Deutschland. Lehrer tragen dazu bei, dass nachfolgende Generationen umfassend gebildet werden. Sie gelten als

---

10 https://lehrernrw.de/zeitschrift-lehrer-nrw/lehrernrw-de-lehrergesundheit-3/

Vorbild für ihre Schüler. Dies bezieht sich auch auf Ernährung und Lebensstil.«[11] Wer so was schreibt, möchte keine leeren Phrasen und Worthülsen von sich geben, sondern kennt sich aus, und dann wird das mit den Eiern schon stimmen. Ein paar Zweifel habe ich in Hinblick auf meine Körpergröße. Ob ich bei 1,60 m mit einem solchen Frühstück nicht zunehme? Da standen auch keine Alternativen ... Soll ich das jetzt auf Lebenszeit essen? Nicht dran denken, mein Magen revoltiert schon ein bisschen.

Zum ruhigen Verdauen bleibt aber keine Zeit, ich muss jetzt los. Immerhin ist mir bei der langen Vorbereitung meines üppigen Frühstücks wieder eingefallen, was ich morgens in mein Dankesbuch schreiben soll: *Ich erfahre Momente der Selbstwahrnehmung und komme fit in den Unterricht. So kann ich gelassener mit meinen Schülerinnen und Schülern umgehen.*[12]

---

11 https://lehrernrw.de/zeitschrift-lehrer-nrw/lehrernrw-de-lehrergesundheit-2/
12 https://www.klett.de/inhalt/media_fast_path/145/02_Baustein_GesunderStart_Anleitung.pdf

Der Praktikant – Selbstfürsorge schon im Studium

Die erste Stunde sollte heute ganz gechillt werden. Ich habe seit letzter Woche einen Praktikanten von der Universität. An vielen Hochschulen werden Lehramtsstudierende inzwischen schon in der Frühphase des Studiums mit der Praxis konfrontiert. Auf diese Weise will man diejenigen, die dem Beruf nach Abschluss des Studiums möglicherweise nicht gewachsen sind, schon frühzeitig abschrecken. Die Praxisphasen werden bereits im Studium durch Angebote zur Resilienzförderung und Supervision ergänzt.

Das Zentrum für Lehrer*innenbildung (ZfL) der Universität Köln hat zu diesen Maßnahmen und ihrer Wirksamkeit sogar eine Studie durchgeführt. Unter anderem besagt diese, dass Studierende des Lehramts verschiedene Werte mit ihrem zukünftigen Beruf verbinden. In der Hauptsache sind das

- gesunde Arbeitsbedingungen
- Sinnhaftigkeit
- Nützlichkeit und Hilfe für die Gesellschaft und
- eine interessante, vielfältige Tätigkeit.

Diejenigen, für die gesunde Arbeitsbedingungen und angemessene Work-Life-Balance eine höhere Wertigkeit als die anderen Punkte haben, brechen das Lehramtsstudium deutlich eher ab als andere.[13]

Zurück zu meinem Praktikanten. Der wollte heute unterrichten. Thema, Stundenaufbau und Hausaufgabe haben wir alles letzte Woche in meinen Freistunden vorbesprochen. Meine übrig gebliebene Arbeit habe ich am Abend nachgeholt. Die Schülerinnen und Schüler warten vorn im Klassenzimmer, ich warte hinten auf einem Stuhl. Vielleicht hat er die Zeit am Kopierer falsch eingeschätzt?

Es ist zehn Minuten nach Unterrichtsbeginn, mein Handy vibriert. Ist das die neue Achtsamkeitsapp? Nein, es ist der Praktikant über einen Messengerdienst. Er kommt heute nicht. Jetzt schon? Der war doch erst einen Tag da! Er schreibt, dass er sein Studium abgebrochen hat. Er will nicht sein restliches Berufsleben in engen, schlecht belüfteten Räumen verbringen und sein Essen nebenbei herunterschlingen. Und laut sei es auch. Das sei ihm alles zu ungesund.

Er hätte sich zwar wenigstens bei mir für die Unterstützung bedanken können, aber ich pflichte ihm innerlich trotzdem voll und ganz bei! Genau so erlebe ich es auch! Genau deshalb habe ich den Powerworkshop für Lehrkräftegesundheit ja gemacht! Damit diese Zustände endlich aufhören!

---

13 https://zfl.uni-koeln.de/sites/zfl/Publikationen/discussion-papers/discussion-paper_2023_4.pdf, S. 10

In der Pause frage ich eine Kollegin, ob ihre Praktikantin heute gekommen sei. Ja, sie ist gekommen. Sie hätte zwar auch schon Zweifel an ihrer Studienwahl angemeldet, profitiere aber sehr von der Supervision, die für Lehramtsstudierende angeboten wird, sagt die Kollegin. »Dort melden Studierende oft zurück, dass allein das Wissen, dass Sie mit ihren Erfahrungen und Herausforderungen nicht alleine dastehen, bereits zu einer Entlastung führt. In dem Moment, in dem die Studierenden reflektieren, dass die Herausforderung nicht nur in ihrer individuellen Eignung begründet ist, sondern ggfs. im System liegt, können sie in ihrer Berufswahlmotivation wieder gestärkt werden.«[14] Soll man der jungen Frau sagen, dass am Ende aber nicht das System die Kopfschmerzen bekommt, sondern sie ganz persönlich? Besser, ich mische mich nicht ein.

So richtig lässt es mich dann aber doch nicht los. Laut Potsdamer Lehrerstudie zieht es nicht unbedingt die Menschen mit den richtigen Persönlichkeitsmustern in den Lehrberuf. Grob gesagt gibt es da

- die Widerstandsfähigen mit den positiven Emotionen (Gruppe G). Die machen aber nicht mal ein Fünftel aller Lehrkräfte aus.
- und die, die sich ungern ein Bein ausreißen (Gruppe S).

---

14 https://zfl.uni-koeln.de/sites/zfl/Publikationen/discussion-papers/discussion-paper_2023_4.pdf, S. 19

Die dritte und vierte Gruppe werden schon vom Namen her als Risikomuster bezeichnet. Das sind die,

- die sich »durch überhöhtes Engagement bei verminderter Widerstandsfähigkeit gegenüber Belastungen und eher negative Emotionen auszeichnen. Das Gesundheitsrisiko besteht in der Selbstüberforderung. Lehrer dieses Typs sind oftmals ihrer hohen Einsatzbereitschaft wegen besonders geschätzt. Doch ist abzusehen, dass auf Dauer die Kraft nicht ausreicht, den Belastungen des Berufs standzuhalten« (Muster A).
- und die, die schon komplett im Burnout drinhängen (Muster B).

Zusammen machten diese beiden Gruppen zum Zeitpunkt der Studie 60 % der Lehrkräfte aus.[15]

Sollte man nicht besser die mit dem überhöhten Engagement während des Studiums abschrecken? Und dafür Typen wie meinen Chiller-Praktikanten behalten? Denn der hat immerhin aktiv Selbstfürsorge betrieben, und zwar frühzeitig. Dessen Burnoutrisiko ist zumindest im Moment noch überschaubar gering. Bei der Praktikantin meiner Kollegin bin ich mir da nicht so sicher ...

Ich sage lieber nicht, welcher obigen Gruppe ich mich

---

15 https://www.schulpsychologie.at/fileadmin/upload/psycho logische_gesundheitsfoerderung/LehrerInnengesundheit/potsdam lehrerstudie.pdf, S. 2f.

zuordnen würde. Das ist jetzt auch vorbei, denn ich habe eine Teilnahmebestätigung über das Modul *Ändere dein Mindset in nur 3 Tagen* zu Hause. Praktisch, dieser Ansatz, dass Lehrkräfte ihre jahrzehntelang erworbenen inneren Annahmen und Verhaltensmuster innerhalb kürzester Zeit durch passende andere ersetzen können! Ich habe Freunde, die nicht in der Schule arbeiten und die haben für so was jahrelange Einzeltherapie hinter sich.

.

Im Wechsel – von der Männerarbeit zum Frauenberuf

Es ist Pause, ich habe genau zehn Minuten Zeit, denn die anderen fünf Minuten stand ich noch im Klassenzimmer, bis das letzte Kind endlich sein Pausenbrot in dem riesigen Schulranzen gefunden hatte. Dem kann ich ja schlecht den Schlüssel in die Hand drücken und sagen: »Schließ bitte das Klassenzimmer ab, wenn du so weit bist.« Ich suche einen Kollegen, der vor mir die Klassenleitung in einer recht undisziplinierten Klasse hatte, vielleicht hat er ein paar gute Tipps. »Du, die hatten zwei Jahre mich, die werden eine Frau nicht akzeptieren!« ist der einzige Tipp, den er hat. Werden die aber müssen, denke ich. Und du auch! Immerhin sind zwei Drittel aller Lehrkräfte in der Bundesrepublik weiblich.[16] Mit der Klasse werde ich schon klarkommen, auch wenn es eine Weile dauert. Und was den Kollegen angeht, irgendwann braucht der auch mal einen Gefallen, ganz sicher. Und dann schlage ich zurück. Ich bin hier auf Lebenszeit und der auch, ich kann warten ...

---

16 https://statistik.arbeitsagentur.de/DE/Statischer-Content/ Statistiken/Themen-im-Fokus/Berufe/AkademikerInnen/Berufs gruppen/Generische-Publikationen/2-8-Lehrkraefte.pdf?__ blob=publicationFile

In meiner Tasche vibriert es. Ach, das ist die Achtsamkeitsapp, die fragt, wie es mir geht. Also ehrlich gesagt bin ich noch stinksauer auf den Kollegen, aber das sage ich der App natürlich nicht. Sonst sind meine Zufriedenheitswerte am Tagesende verzerrt. Und außerdem geht es mir wie ganz vielen Frauen in unserem Beruf.

Die Befragung von Lehrkräften im Rahmen des Deutschen Schulbarometers der Robert-Bosch-Stiftung von 2024 hat zum wiederholten Male bestätigt, »dass sich ein bedeutsamer Anteil von Lehrkräften sehr häufig erschöpft fühlt [...]. Insgesamt ist das berufliche Wohlbefinden von weiblichen und jüngeren Personen sowie Grundschullehrkräften niedriger.«[17]

Weil in der Grundschule nur etwa gut 10 % Männer unterrichten,[18] ist diese Gruppe weitestgehend synonym für Frauen. Wenn die meisten von Erschöpfung betroffenen Lehrkräfte also Frauen sind und die Alten früher aufhören als vorgesehen, dann scheint es überhaupt nur für eine Minderheit von männlichen Kollegen mittleren Alters so richtig rund zu laufen.

---

17 https://www.bosch-stiftung.de/sites/default/files/ publications/pdf/2024-04/Schulbarometer_Lehrkraefte_ 2024_FORSCHUNGSBERICHT.pdf, S. 47

18 Männer als Volksschullehrer. Statistische Darstellung und Einblicke in die erziehungswissenschaftliche Diskussion. Hrsg. von Bundesministerium für Bildung, Wissenschaft und Kultur, Wien 2005, S. 46f. https://www.gew.de/fileadmin/media/publikationen/ hv/Hochschule_und_Forschung/Ausbildung_von_Lehrerinnen_ und_Paedagogen/Zukunftsforum_Lehrer_innenbildung/190228_ MaennerInsGrundschulamt_2018_A4_171218.pdf

So wird man beim derzeitigen Lehrkräftemangel die Teilzeitfrauen nicht zum Aufstocken der Stundenzahl bringen, glaube ich. Aber das ist ja auch nicht geplant. Stattdessen werden die Möglichkeiten zur Teilzeit drastisch eingeschränkt und auf diese Weise mehr Leute in die Vollzeit gezwungen.

Und dann gibt es ja auch noch diese Modethemen aus der Frauengesundheit. Dass Frauen ihre Regel haben und später dann die Wechseljahre, das ist derzeit sehr im Trend. Vom diskret totgeschwiegenen und peinlichen Thema rein in die Wochenendausgabe namhafter Zeitungen. Bis die Schulen auf diesen Trend reagieren können, muss man aber noch ein bisschen warten.

So schnell geht das eben nicht, beim derzeitigen Arbeitskräftemangel. Da kann es schon mal zwei Wochen dauern, bis die Servicefirma zur Reinigung des Hygienebehälters in der Damentoilette wieder jemanden schicken kann, auch wenn der Deckel schon nach einer Woche wegen Überfüllung nicht mehr schließt. Obwohl Arbeitgeber dafür zu sorgen haben, »dass Arbeitsstätten den hygienischen Erfordernissen entsprechend gereinigt werden. Verunreinigungen und Ablagerungen, die zu Gefährdungen führen können, sind unverzüglich zu beseitigen.«[19]

Wahrscheinlich möchte man aus Höflichkeit die

19 https://www.haufe.de/arbeitsschutz/arbeitsschutz-office-professional/hygiene-1-allgemeine-betriebshygiene_idesk_PI13633_HI2220670.html

Kolleginnen nicht der Verunreinigung bezichtigen und schweigt deshalb zu diesem Thema. Oder es wird einfach erwartet, dass die Betroffenen einen gemeinsamen Monatsplan erstellen, wer wann seine Regel wie stark haben darf, damit der Behälter nicht zu voll wird. Die German Toilet Organization, die sich mit Schultoiletten auch unter Genderaspekten beschäftigt, hat das Problem immerhin schon erkannt, allerdings auf einer globalen Ebene. Bis die zu uns an die Schule kommen, bin ich vermutlich schon in Pension.

Und das mit den Wechseljahren müssten die Eltern den Kindern am besten schon vor Eintritt in den Kindergarten erklären, damit die Kinder darauf vorbereitet sind, dass ihre Erzieherinnen und Lehrerinnen manchmal ihre Ruhe brauchen, mit Brainfog kämpfen oder andere Beschwerden haben. Denn wenn man beispielsweise fünf Stunden Unterricht mit je 30 Kindern hat, dann teilt man seinen Brainfog mit 150 Leuten und da ist das Lehrerzimmer noch nicht mit dabei. Wenn die nicht alle schon Bescheid wissen und man es jedem einzeln erklären muss, dann bricht Chaos aus. Und am Ende wollen die dann auch alle Brainfog haben, wenn sie ausgefragt werden, obwohl sie für die Wechseljahre noch viel zu jung sind ... nicht auszudenken!

Wahrscheinlich liegt es daran, dass man in der Schule erst gar nicht versucht, irgendwelche Erleichterungen zu schaffen, sondern abwartet, bis der nächste Trend kommt, der sich leichter umsetzen lässt.

Ich habe jedenfalls vorgesorgt. Ich habe mir die Nummer für den Kurs *Hormonyoga für Lehrerinnen in den Wechseljahren* bereits notiert. Ich wollte auch ein Sabbatical für diese Phase beantragen, damit ich den Betrieb nicht störe, falls ich mich öfter mal nicht gut fühle. Aber Sabbaticals sind für die nächsten Jahre wegen des Lehrkräftemangels gestrichen worden.

Übrigens, egal ob Frauen oder Männer – wer für Kinder in Teilzeit geht und dann die letzten Jahre vor der gesetzlichen Pensionierungsgrenze nicht in Vollzeit durchziehen kann, wird von diesem an sich gut bezahlten Beruf im Alter nicht profitieren.

Für LGBTQI+-Lehrkräfte gibt es leider keine ausreichende Datenbasis. Ich fände es sehr interessant, zu erfahren, wie es denen als Lehrkraft geht.

* * *

Postskriptum 1: Vom Männerberuf zum Frauenberuf – eine historische Entwicklung

»Für Deutschland, die Schweiz und Österreich muss gleichermaßen konstatiert werden: aus historischer Perspektive ergibt die Betrachtung des Frauen-Anteils im Bildungsbereich im Allgemeinen und in der Volksschule im Besonderen ein differenziertes Bild von der sogenannten ,Feminisierung'. Frauen galten – wie in anderen Berufsbereichen – auch im Lehrberuf als Manövriermasse. Ihre

Berufstätigkeit als Lehrerinnen mussten sie zu Ende des 19. Jahrhunderts erkämpfen, zu Beginn des 20. Jahrhunderts wurden sie in der Berufsausübung durch Zölibatsgebote eingeschränkt. In Krisenzeiten vor dem 2. Weltkrieg waren verheiratete Frauen als Doppelverdienerinnen unerwünscht im Lehrberuf. ‚Die Feminisierung des Lehrberufs stand ursprünglich also in engem Zusammenhang mit dem Einsatz von Frauen als Arbeitskraftreserve'. In Phasen akuten Lehrer/innenmangels durch den Schuleintritt geburtenstarker Jahrgänge – in Deutschland gegen Ende der 1960er Jahre – warb man in Deutschland gezielt Abiturientinnen.«[20]

* * *

Postskriptum 2: Auf Feminisierung folgt Abwertung

»So gut wie jede Arbeit in unserer Gesellschaft hat ein Geschlecht: Sie gilt entweder als ‚weiblich' oder als ‚männlich', entweder als Frauenarbeit oder als Männerarbeit, es gibt Frauenberufe und Männerberufe, ‚weibliche' und ‚männliche' Branchen und Arbeitsplätze. [...] Besonders gut rekonstruieren lassen sich solche Vergeschlechtlichungsprozesse bei Geschlechtswechseln von Berufen – historisch kann dies z. B. für die Weberei und Spinnerei, für die

---

20 Männer als Volksschullehrer. Statistische Darstellung und Einblicke in die erziehungswissenschaftliche Diskussion. Hrsg. von Bundesministerium für Bildung, Wissenschaft und Kultur, Wien 2005, S. 46f.

Verwandlung des Sekretärs in die Sekretärin, [...] die ‚Feminisierung' der Röntgenassistenz oder eben des Lehrberufs beschrieben werden. Für alle diese Vergeschlechtlichungsprozesse gelten dieselben Gesetze: die ‚Feminisierung' von Berufs- und Arbeitsfeldern geht stets einher mit einer Statusminderung, deren ‚Vermännlichung' ist stets verbunden mit Statusgewinn oder zumindest Statuskonsolidierung.«[21]

---

21 Männer als Volksschullehrer. Statistische Darstellung und Einblicke in die erziehungswissenschaftliche Diskussion. Hrsg. von Bundesministerium für Bildung, Wissenschaft und Kultur, Wien 2005, S. 46f.

Hörsturz durch Hitzefrei – Umgang mit Lärm lernen

Unterrichtsstörungen gibt es in vielfältiger Zahl. Heute ist es zur Abwechslung mal der Probefeueralarm. Wir Lehrkräfte sind informiert, ich habe die vierte Stunde extra für 30 statt für 45 Minuten konzipiert, damit ich vor dem Alarm mit dem Stoff durch bin. Nur Amateure und Quereinsteigende lassen sich noch vom Probefeueralarm überraschen.

Schule ist ja generell ein lauter Arbeitsort. Bei Probefeueralarm ist es noch ein bisschen lauter als sonst. Ganz oben auf der Liste der Top-3-Lärmereignisse ist aber der Moment nach der Hitzefreidurchsage in einer siebten oder achten Klasse. Innerhalb von Nanosekunden mischt sich hier das Jubelgebrüll von sagen wir 30 Kindern mit dem Gerumpel von Stühlen, die im Eifer des Gefechts gern auch mal umfallen oder vom Tisch runterfallen. Dazu die eigene Stimme am Rande des Überschnappens, um diesen Irrsinn zu übertönen »Alle Stühle hoch, Fenster zu und die Hausaufgaben nicht vergessen!« Das alles in brandschutzgerechten Räumen ohne Teppich. Den letzten Teil mit der eigenen Ansage kann man auch weglassen, dann muss man aber selbst die Hälfte der umgeschmissenen Stühle auf die Tische stellen und die Fenster zumachen – und das wird von der Schulleitung nicht als Arbeitszeit bewertet, sondern als pädagogisches Versagen.

Hitzefrei ist natürlich die Ausnahme. Doch auch an kühlen Tagen ist es laut. In Niedersachsen hat man gemessen, dass der Pegel lärmender Kinder zwischen 60 und 90+ dB(A), also Dezibel, liegen kann. Das ist mehr als doppelt so laut, wie einer konzentrierten Arbeit zuträglich und in der Spitze lauter als ein Lastwagen. Form und Beschaffenheit der Räume spielen dabei als Schallverstärker eine große Rolle, ebenso wie die »gleichzeitig agierenden lärmenden Nutzer«.[22]

Das ist nicht nur im Norden Deutschlands so. Zu den gleichen Messergebnissen kommt man auch im Süden der Republik, so z. B. der Bayerische Lehrerinnen- und Lehrerverband BLLV,[23] aber ich halte mich lieber an die Daten eines Kultusministeriums, Arbeitsschutzverbands oder des Deutschen Ärzteblatts.[24] Sonst heißt es wieder, die Aussagen kommen nur von Lobbyverbänden oder von der politischen Opposition.[25]

Lärmschutz ist sogar gesetzlich geregelt. Zum Beispiel in der Verordnung zum Schutz der Beschäftigten vor Gefährdungen durch Lärm und Vibrationen (Lärm- und

---

22 https://bildungsportal-niedersachsen.de/aug/uebergreifende-themen/laerm/gefaehrdungen-und-massnahmen/laermursachen
23 https://www.bllv.de/akademie/fit-bleiben-im-beruf/akustik-und-laerm/laerm-als-stressursache
24 https://www.aerzteblatt.de/archiv/170601/Lehrergesundheit; DGUV, S. 42
25 Zeitschrift *Pädagogik*, Ausgabe 5/24, Beltz Verlag, Weinheim, S. 38

38

Vibrations-Arbeitsschutzverordnung – Lärm Vibrations ArbSchV) § 8 Gehörschutz.[26]

Korrekt wäre demnach, erst genormte Schallschutz-kopfhörer auszugeben und dann die Hitzefreidurchsage zu machen. Was natürlich in der Realität ein bisschen lächerlich aussehen und nur zweimal funktionieren würde. Schülerinnen und Schüler sind ja unglaublich lernwillig und spätestens beim dritten Mal hätten sie verstanden, dass die mitgebrachten Lärmschutzkopfhörer der Lehrkraft bedeuten, dass bald die Hitzefreidurchsage kommt. Und dann würde sie einfach schon in dem Moment losbrüllen, in dem sie den Kopfhörer sehen und nicht mehr auf die Durchsage warten.

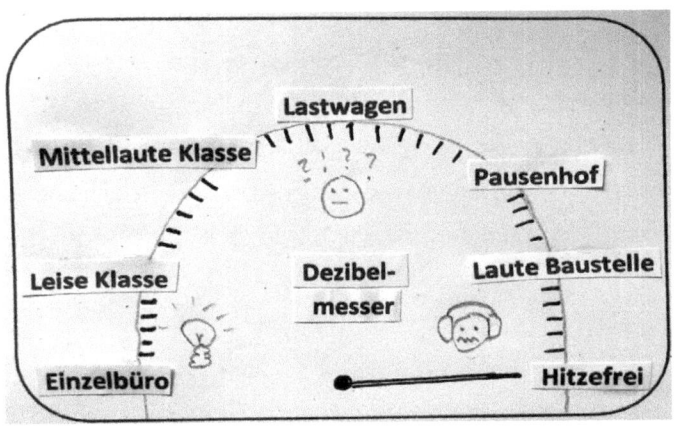

---

26 https://www.gesetze-im-internet.de/l_rmvibrations
   arbschv/__8.html

Hätte ich das mit dem Lärm im Studium schon gewusst, hätte ich mich vielleicht tatsächlich mit der familiären Vorbelastung auseinandergesetzt. Wer nämlich genetisch eine Disposition zu Kopfschmerzen oder gar Migräne hat, der ist hier täglich einem Trigger ausgesetzt und sich dessen gar nicht ausreichend bewusst.

Aber auch ohne Hang zum Kopfschmerz ist Konzentrationsarbeit unter Lärm deutlich anstrengender als in einem leisen Büro. Kein Wunder also, dass viele Lehrkräfte so erschöpft sind.

Ich habe auch hier vorgesorgt mit dem Modul *Umgang mit Lärm kann man lernen*. Das funktioniert so ähnlich wie bei Leuten, die Angst vor Spinnen haben. Denen zeigt man erst mal für eine Viertelsekunde das Bild einer ganz winzigen Spinne und dann immer länger und die Bilder werden größer und dann am Schluss schaffen sie es, dass eine Tarantel über ihre Hand krabbelt.

Beim Lärm geht es so ähnlich. Ich habe eine Lärm-CD, auf der ist von Föhn über Lastwagen bis zu Presslufthammer alles drauf. Gibt es auch mit Bonustrack Motorsäge. Die höre ich mir morgens bei der Vorbereitung des Frühstücks zur Einstimmung auf den Schultag immer an.

Es könnte vielleicht helfen, das Thema bei Schulleitungen und Lehrkräften ein bisschen mehr publik zu machen. Damit könnte man viel Zeit sparen und viele unnötige Gespräche vermeiden. Die Schulleitungen müssten bei Kopfschmerzen und Erschöpfungsanzeichen weniger in den Personalakten nach anderen Gründen suchen. »Was, Sie haben oft Kopf-schmerzen? Sie setzen sich einfach selbst zu stark unter Druck. Kleine Kinder haben Sie ja auch noch. Wahrschein-lich ist Ihnen das alles ein bisschen zu viel, junge Kollegin ...«

Und die Lehrkräfte könnten sich die Selbstzweifel sparen und stattdessen gleich an die Wurzel für die Kopfschmerzen kommen. Und diese dann gezielt angehen. Zum Beispiel könnten sie abends beim Yoga den Kopfstand machen. Dabei wird der Kopf gut durchblutet und es hilft, mal die Perspektive zu wechseln und Dinge in einem anderen Licht zu betrachten. Und dann könnten sie in ihr Dankbuch schrei-ben: *Heute war besonders schön, dass wir kein Hitzefrei hatten.*

* * *

Postskriptum: Messergebnisse von Lärm und mögliche Auswirkungen

»Schallpegelaufzeichnungen während des Unterrichtes in Klassenräumen, Werkräumen, Musikräumen und Sport-hallen zeigen bei einem hohen Anteil der Lehrkräfte aller beteiligten Schulkollegien eine deutliche Beeinträchtigung der psychophysischen Verfassung. Diese Reaktionen können schon bei Schalldruckpegeln wesentlich unterhalb 80 dB (A) auftreten. Auffällig ist auch der geringe Erholungswert von Unterrichts-Pausen, so dass sich die psychophysische Leistungsfähigkeit im Sinne zunehmender Erschöpfung von der ersten zu späteren Unterrichtsstunden hin verschlechtert.

Die Schallpegel während des Unterrichts übersteigen oft das für ‚geistige' oder ‚informatorische' Arbeit günstige Maß um ein Mehrfaches.«[27]

Folgende Probleme kann Lärm auslösen:

- Störungen der Spracherkennung
- Veränderungen des Blutdrucks
- Veränderungen des hormonellen Status – besonders der Stresshormone
- Veränderungen der Gehirnpotenziale
- als Folgewirkung: Schädigung der Organe und Organsysteme
- Schädigungen des Stimmapparats durch anhaltendes lautes Sprechen
- Schädigungen des Innenohrs bei Dauerbelastung: Hörstörungen und Tinnitus.[28]

---

27 https://bildungsportal-niedersachsen.de/aug/uebergreifende-themen/laerm/gefaehrdungen-und-massnahmen
28 https://bildungsportal-niedersachsen.de/aug/uebergreifende-themen/laerm/gefaehrdungen-und-massnahmen/laerm-macht-krank

Tief ausatmen! – Atemübungen im Schulgebäude

Schnell jetzt in die 6b! Die Tür ist noch geschlossen, aber ich höre, wie der Kollege drinnen schon die Hausaufgabe ankündigt. Also öffne ich die Tür und mache einen Schritt rückwärts, die schlechte Luft erschlägt mich. »Boah, ist das eine Luft hier! Sofort Fenster auf!«, rufe ich. Erstmal lüften!

Während die Kinder lüften und vom einen aufs andere Fach umpacken, habe ich eine halbe Minute Zeit für eine Atemübung. Denn »bewusst Zeit nehmen und tief ein- und ausatmen kann helfen, den Geist zu beruhigen und Stress abzubauen«.[29] Allerdings habe ich die Übung etwas abgewandelt, seit ich Untersuchungen über die CO_2-Messungen an Schulen gelesen habe. Ich nehme mir jetzt bewusst Zeit, die Luft anzuhalten, bis ich am offenen Fenster bin, dann schnell einatmen, und wenn die Fenster wieder geschlossen sind, möglichst flach weiteratmen.

Das ist kein Witz! Das Raumklima wird arbeitsmedizinisch als ebenso messbarer Belastungsfaktor wie Lärm gewertet. »In Unterrichtsräumen gemessene Kohlendioxidwerte lagen um ein Vielfaches über denen der Außenluft (400 ppm in

---

29 https://wissenswert.debeka.de/gelassenheit-fuer-lehrer.html

Stadtzentren). In vielen Fällen wurde der akzeptable Wert von 1000 ppm CO_2 und in manchen Fällen der inakzeptable Wert von 2000 ppm CO_2 überschritten. Bei solchen Werten nehmen die Leistungs- und Konzentrationsfähigkeit stark ab.«[30]

Natürlich sagt einem der gesunde Menschenverstand, dass man hin und wieder lüften muss, wenn viele Menschen in einem Raum sind. Manchmal ist die Luft so zum Schneiden, dass man selbst ganz deutlich spürt, dass dringend das Fenster aufgemacht gehört. Aber ob dabei bestimmte Kohlendioxidwerte schon über irgendwelchen gefährdenden

30 https://www.bgw-online.de/resource/blob/20196/ae3563aa6e
   4cf052a58963db7ad3675e/bgw04-05-120-gefaehrdungs
   beurteilung-in-bildungseinrichtungen-data.pdf

Grenzwerten liegen, daran denkt doch keiner! Und ganz oft vergisst man es während des Unterrichts auch, weil man mit wichtigeren Dingen beschäftigt ist als mit der Raumluft. Aber schlechtere Luft als in Stadtzentren? Das ist doch krass! Und das jeden Tag über mehrere Stunden! Jahrzehntelang! Dafür habe ich mich erstaunlich gut gehalten!

Wie beim Lärm könnte vielleicht eine breitere Aufklärung weiterhelfen, dass man nicht wegen unerfüllter Wünsche im Privatleben in seiner Leistungsfähigkeit beeinträchtigt ist. Und Schulleitungen könnten das Folgende beachten: Die Kollegien der Schulen »sollten dafür sensibilisiert werden, dass der CO_2-Gehalt im Lehrerzimmer möglichst 1.000 ppm nicht überschreitet«.[31]

Obwohl ich da ein bisschen skeptisch bin. Während Corona haben ganz viele Schulen bereits CO_2-Ampeln angeschafft. Und ganz viele Lehrkräfte haben diese ganz oft wieder abgeschaltet, weil der Messwert dauernd erhöht war und man schließlich nicht von früh bis spät bei permanent geöffneten Fenstern unterrichten kann. Was sagen denn da die Eltern!

Wobei Fenster, die sich ganz öffnen lassen, ja noch ein eigenes Thema sind. Es gibt Schulen, in denen lassen sich die Fenster aus Sicherheitsgründen nur einen Spalt breit öffnen. Einmal habe ich erlebt, dass die Fenster sogar fest

---

31 https://www.unfallkasse-nrw.de/fileadmin/server/download/
Regeln_und_Schriften/Regeln/102-601.pdf

zugeschraubt wurden, weil sie schon so alt waren. Damit sie nicht auf eins der Kinder fallen können.

Wenn man dann noch im Sommer ohne Vorhänge auf der Südseite in einem Schulhauskasten aus den 60er Jahren unterrichtet, ist der Autoritätsverlust durch Vollschweiß zusätzlich garantiert. Da würde man sich glatt hitzefrei wünschen, wenn das nicht so laut wäre.

Einen Vorteil haben die hohen CO_2-Werte aber doch. Sie helfen ungemein bei der *Schlafhygiene*. Das kann man immer sehen, wenn Lehrerkonferenz ist. Da schlafen viele schon mal vor, weil sie am Abend wieder länger arbeiten müssen.

Der Work-Privacy-Conflict – Arbeit geschickt auslagern

Meine Unterrichtsverpflichtung für heute ist zu Ende. Jetzt ist noch Korrigieren dran. Zwei Schulaufgaben stapeln sich. Im Lehrerzimmer kann ich die nicht korrigieren. Meine Hälfte des Tisches ist viel zu klein, meine Nachbarin hat um diese Uhrzeit zwei Freistunden und telefoniert an ihrer Hälfte des Tisches privat auf ihrem Handy. Sie muss ziemlich laut reden, schließlich sind auch noch andere Personen im Raum und im Gespräch.

Wir haben im dritten Stock eine Lehrerbibliothek, die als Ruheraum ausgewiesen ist. Da findet aber gerade eine Fachsitzung statt. Die Kollegin, die das leitet, hat heute in der zweiten Pause einen kleinen Zettel außen an die Tür geklebt, damit alle Bescheid wissen. Den Zettel habe ich zufällig gesehen, weil die Bibliothek gegenüber von der Damentoilette liegt.

Ich höre einen Quereinsteiger mit umgehängter Laptoptasche, Kaffeetasse und Stapeln von Heften, der ankündigt, dass er jetzt nach oben geht, um in Ruhe zu korrigieren. Soll ich ihn warnen? Aber jeder muss ja seine eigenen Fehler machen, da lernt man am schnellsten.

Es gibt auch nur zwei Fehler, die man dabei machen kann. Entweder man behängt sich mit allem, was man die nächsten zwei bis drei Stunden zum konzentrierten Arbeiten brauchen könnte. Hefte, Stifte, Tasse, am besten gleich die ganze Schultasche. Das wuchtet man umständlich durch die Feuerschutztüren und die Treppe hoch in den dritten Stock. Dann ist der Raum aber durch irgendwas belegt. Schulentwicklung, Fachsitzung, Demokratisierung, irgendwer tagt immer. Dann muss man alles wieder zurück ins Lehrerzimmer wuchten und noch mal völlig neu überlegen, wo man jetzt hingehen kann.

Oder man geht ohne Sachen hoch, um erst mal die Lage zu prüfen, und genau dann ist meistens der Raum frei. Dann geht man wieder runter, hängt sich alles um und schleppt seine Sachen hoch. Das kostet nur unnötig Zeit, ist aber gleichzeitig auch ein bisschen Sport nebenbei.

Mit mir jedenfalls nicht mehr, Leute. Mir ist das viele Hin und Her zu unruhig, wenn ich korrigieren möchte. Und in der Zeit, bis ich endlich sitze, hätte ich schon längt ein oder zwei Hefte korrigiert. Wenn man das hochrechnet, wie viel Zeit seines Lebens man da sinnlos in den dritten Stock latscht und wie viel Zeit auf Lebenszeit gesehen man sich da sparen könnte! Darauf hat mich mein Modul zum *Zeitmanagement* für Lehrkräfte gebracht. Weil bei den Fortbildungen ebenfalls Fachkräftemangel herrscht, haben sie dort auch Seiteneinsteiger, und ich war bei einer Diplommathematikerin, die hat uns das alles ganz genau vorgerechnet.

Zu Hause habe ich leider auch keine Ruhe. Der Fachbegriff für die schwierige Abgrenzung, wenn sich der zweite

Arbeitsplatz zu Hause befindet, ist Work-Privacy-Conflict. Man möchte in Ruhe arbeiten, kann sich aber entweder nicht gut gegen das Privatleben hin abgrenzen oder zeitlich keine klare Linie zwischen Arbeitszeit und privater Zeit ziehen. Das gehört zu den größten als Belastungen empfundenen Faktoren unseres Berufsstands.[32]

Wie gut, dass ich eine ganz praktische Lösung gefunden habe! Denn »solange sich [...] an der eigentlichen problematischen Situation nichts ändert, können Literatur und Weiterbildungsangebote nur ein Tropfen auf den heißen Stein sein – nicht viel mehr als Kosmetik. Also kann man nur darauf warten, bis sich am System Schule Grundlegendes verändert? Das wäre fatal. Denn entscheidende Verbesserungen sind nicht in Sicht. Deswegen heißt es, die Dinge selbst in die Hand zu nehmen. Schließlich geht es darum, die eigene Gesundheit zu schützen und eine gute Bildung für alle Kinder und Jugendlichen zu sichern«.[33]

Genau! Ich fühle mich moralisch total von dieser Aussage angesprochen! Natürlich kann man nicht darauf warten, bis sich das System ändert! Ich bin seit 25 Jahren im Dienst und es hat sich nichts geändert. Und wenn ich die Dinge jetzt nicht selbst in die Hand nehme, dann auf Kosten der Kinder

---

32 https://arbeitsschutz-schule.kultus-bw.de/site/pbs-bw-km-root/get/documents_E1660479435/KULTUS.Dachmandant/KULTUS/Projekte/arbeitsschutz-schule-bw/pdf/Abschluss bericht_FFAS.pdf, S. 60f.

33 https://www.cornelsen.de/magazin/beitraege/lehrer-gesundheit-stress

und Jugendlichen, das will ich auf gar keinen Fall! Also habe ich mich mit ein paar Kolleginnen und Kollegen zusammengetan und wir haben diesen Tipp befolgt, was der Einzelne tun kann: Es ist »hilfreich, den Arbeitstag schriftlich zu planen. Dabei sollten unbedingt auch Ruhezeiten und Zeiten für soziale Kontakte eingeplant werden. Gerade weil das eigene Zuhause gleichzeitig der zweite Arbeitsplatz ist, fällt dies vielen Lehrerinnen und Lehrern nicht leicht. Abhilfe kann hier ein Büro außerhalb der eigenen vier Wände schaffen. Solange die Schulen keine Arbeitsräume für ihre Lehrkräfte anbieten, könnten Lehrer sich beispielsweise zusammentun und gemeinsam einen Büroraum anmieten. So können Arbeitszeit und Freizeit besser getrennt werden. Gute Erfahrungen wurden mit diesem Modell bereits gemacht.«[34]

Wir haben also seit letztem Monat ein Apartment gemietet. Gut, es liegt nicht sehr nah an der Schule, aber wir mussten auch ein bisschen auf die Höhe der Miete achten. Wir haben eine Küchennische und ein winziges Bad mit Dusche. Die Dusche braucht aber nur unser Sportkollege, die Lehrerdusche in der Schule ist nämlich seit Jahren kaputt.

In den großen Raum passen vier Schreibtische. Jeder Schreibtisch muss von zwei Personen geteilt werden, es war nicht genug Platz dafür, dass jeder einen eigenen Schreibtisch hat. Die Küche schaut nach vier Wochen leider schon ziemlich benutzt aus. Ungespülte Tassen, Ränder auf der

---

34 https://www.cornelsen.de/magazin/beitraege/lehrer-gesundheit-stress

Abstellfläche, man kennt das ja. Der Platz reicht kaum aus, und wir sind uns nicht richtig einig, wie oft das Fenster aufgemacht werden soll. Auf den Schreibtischen stapeln sich Unterlagen. Wenn ich es mir recht überlege und mit dem Lehrerzimmer vergleiche ... aber dafür zahlen wir hier jeder nur 200 Euro im Monat!

Aus einer benachbarten Schule hat sich eine Kollegin stundenweise in ein schickes Colab eingemietet. Das klingt irgendwie besser als stundenweise vermieteter Arbeitsraum. Oder Stundenhotel. In dem trendigen Colab sind die Mieten gestaffelt. Dynamic Pricing. Nachmittags ist es am teuersten und in den späten Abendstunden deutlich günstiger. Deswegen schläft sie jetzt nachmittags und arbeitet nachts. Ihre Scheidung ist auch bald durch.

Nicht alles korrigieren – Zeitfallen erfolgreich erkennen und umgehen

In unserem ausgelagerten Desksharing-Büro sind wir heute zu sechst. Ich habe noch eine saubere Tasse gefunden und mir einen Cappuccino aus unserer Gemeinschaftsmaschine gelassen. Jetzt kann ich endlich mal zwei Stunden Schularbeiten korrigieren. Manche gehen recht schnell, aber manche muss man wirklich ganz gründlich anschauen und auch im Quervergleich mit anderen fair bleiben. Das erfordert Konzentration und Ruhe. Und eben Zeit.

Zeitmangel wird von Lehrkräften als einer der häufigsten Stressoren genannt. Ich habe durch mein zweiteiliges Modul zum *Zeitmanagement* damit aber aufgeräumt, ich kenne mich jetzt aus. Als erstes muss man eine gründliche Analyse vornehmen, ob man seine Zeit wirklich sinnvoll genutzt hat, und die kleinen Zeitdiebe erkennen, die sich über den Tag einschleichen. Das können kurze, unnötige Gespräche mit der Lieblingskollegin über die Familie sein oder überflüssige Hilfsbereitschaft am Kopierer, wenn der Toner aus ist. Auch das zeitraubende Suchen nach ruhigen Arbeitsplätzen oder funktionierenden Computern gehört dazu.

Im nächsten Schritt geht es darum, sich zu fragen »Wie soll mein Berufsalltag in der Zukunft aussehen? (z. B. bis

18 Uhr arbeiten). Welche Punkte kann ich nicht verändern? (z. B. Zeugnisse schreiben). Welche Punkte kann ich verändern? (z. B. nicht alles korrigieren)«.[35]

Ganz wichtig ist auch ein fester Zeitplan. Und »wenn Sie merken, dass Sie zeitlich nicht hinkommen, verzichten Sie auf ausschweifende Kommentare, Stempel oder die Korrektur der Handschrift. So schwer Ihnen diese Regel auch fallen mag, nur so haben Sie genug Zeit für andere anstehende Aufgaben, die genauso wichtig sind. [...] Manchmal hilft es, wenn man sich vor Augen führt, dass es immer noch Ihr Beruf ist, der in erster Linie dafür da ist, sich sein Leben zu finanzieren. Auch wenn Sie dieser Beruf erfüllt und Sie sich keinen schöneren vorstellen können, sollten Sie nicht mehr für Ihr Geld arbeiten müssen als andere Berufsgruppen.«[36]

Diese Tipps helfen mir sehr, ich habe sie gleich ausgedruckt. Da habe ich gleich was in der Hand, wenn die Fachleitung anmahnt, dass ich das Gebot der positiven Korrektur nicht durchgängig eingehalten habe. Ich hatte aber nur Zeit, in den ersten zehn Heften die Art des Fehlers (Rechenfehler, Grammatik) und die richtige Lösung in die Arbeiten hineinzukorrigieren, damit die Kinder gleich begreifen, was sie falsch gemacht haben und was lernen können. Bei den Restlichen hat es nur noch ausgereicht, alles

35 https://www.lernbiene.de/blog/11-tipps-fur-ein-besseres-zeitmanagement-im-lehreralltag

36 https://www.lernbiene.de/blog/11-tipps-fur-ein-besseres-zeitmanagement-im-lehreralltag/

Rot durchzustreichen und ein schnelles »Bockmist« als Wortgutachten neben die Note zu schreiben. Nur so hatte ich Zeit, alle Eltern zurückzurufen, die um einen Anruf gebeten hatten. Manche beschweren sich doch wirklich, dass die Korrekturen nicht nachvollziehbar sind.

Früher, als die Eltern noch keine Rückrufe wollten und es auch nicht so viele Arbeitskreise zur Schulentwicklung gab, da hatte ich noch viel mehr Zeit für die Kinder. Da kamen auch noch nicht so viele E-Mails von der Schulleitung und von privaten Anbietern irgendwelcher Unterrichtsmaterialien. Da konnte man nachmittags noch richtig intensiv neue Stunden vorbereiten ...

Ups, gleich mal die innerliche STOPP-Taste gegen falsche Gedanken drücken, bevor ich hier in die Nostalgiefalle tappe. Früher gab es auch noch Overheadprojektoren und die Pest. Man muss mit der Zeit gehen und eine gute Zeiteinteilung haben. Deshalb habe ich den Reinigungshinweis des Milchschaumprogramms unserer Cappuccinomaschine in der Gemeinschaftsküchenzeile gleich mal ignoriert. Das kann der Nächste machen! Und wenn demnächst eine Seiteneinsteigerin Unterstützung braucht, dann schaue ich ganz schnell in eine andere Richtung.

Willste Spaß? Sichi! Kannste haben! – kinderleichtes Arbeiten durch Infantilisierung

Heute früh im Bus auf dem Weg in die Schule fällt mein Blick nach draußen auf eine Litfaßsäule. Eine Werbekampagne für den Lehrberuf. Endlich lässt man sich mal was Fetziges einfallen, um mehr Personal zu gewinnen!

In Bayern haben sie 2023 unter anderem mit diesem Spruch geworben: »Als Lehrerin oder Lehrer hast du jede Menge Flexibilität: Spontan am Nachmittag Zeit für Family & Friends? Sichi! Dazu kommen die ganzen Sicherheiten des Lehramts: auf Lebenszeit verbeamtet und gut bezahlt.«[37]

In NRW haben sie es so formuliert: »Ein Leben lang Influencer – Kannste haben!«[38] Und in Baden-Württemberg konnte man am Flughafen bei der Rückkehr aus dem Urlaub ganz groß lesen: »Gelandet und gar keinen Bock auf Arbeit morgen? Hurraaa! Mach, was dir Spaß macht, und werde Lehrer*in.«[39]

---

37 https://www.bllv.de/vollstaendiger-artikel/news/aber-sichi-gut-gemeint-ist-nicht-immer-gut-gemacht
38 https://lehrernrw.de/lehrernrw-de-titel-15/
39 https://www.swr.de/swraktuell/baden-wuerttemberg/werbekampagne-fuer-lehrerberuf-in-bw-102.html

Ich bin nur nicht ganz sicher, an wen sich das wenden sollte. An Abiturientinnen oder Abiturienten sicher nicht. Die würden auch komplexere Texte verstehen. Wer sich mal Abiturangaben aus allen Bundesländern anschaut, wird feststellen, dass die in allen Fächern sehr anspruchsvoll sind. In der Oberstufe wird sogar schon propädeutisches Arbeiten als Vorbereitung auf ein späteres Studium geübt.

Bei uns an der Schule verwenden die Jugendlichen außerdem andere Wörter. »Sichi« sagt da sichi keiner. Und »Bock« ist Boomersprech. Sooo alt und weiß. Vielleicht sehe ich das falsch und habe die tieferen Ebenen der Kampagne nicht verstanden. Auf mich wirkt es, als hätten sich irgendwelche Ü40 im Büro was ausgedacht, was sie selbst so richtig knorke finden, aber sonst halt keiner. Immerhin versuchen sie mal was, und das muss man honorieren!

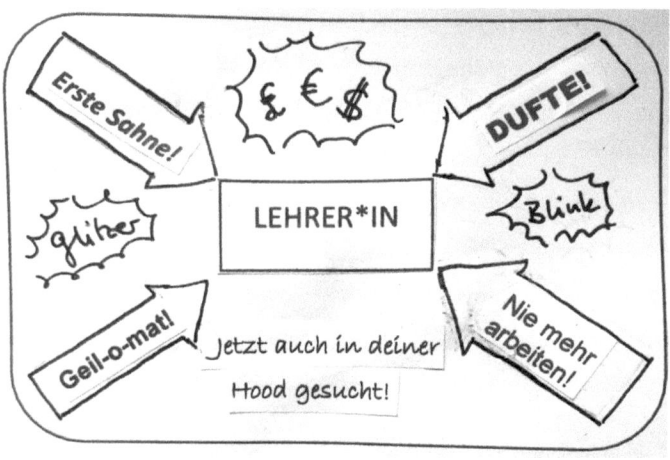

In der Schule angekommen, spreche ich einen Kollegen auf die Werbung an. Der hat es auch gesehen, ist aber sauer. Er fühlt sich nicht ernst genommen. Er hat die halben Sommerferien im Fortgeschrittenenkurs *Mentale Strategien gegen Schulstress* verbracht und sagt jetzt zu mir: »Hätte ich gewusst, dass ich nachmittags meine Friends treffen kann, statt Hausaufgabenaufsicht in der 7c zu schieben, und mir beim Unterrichten mit dem Selfiestick einen eigenen Kanal als Influencer aufbauen kann, dann hätte ich mir das ganze mentale Zeug doch sparen können!« Dann hellt sich sein Gesicht doch ein wenig auf. »Ich sehe schon die Headline für meinen Livestream: Kalle, der supercoole Lehrer hat's wieder drauf! Was meinst du?«

Ich glaube nicht, dass sein Kanal mit diesem Titel eine große Reichweite erzielen würde, sage aber nichts. Verstehen kann ich seinen Ärger ein bisschen. Uns Bestandslehrkräften wird die Kürzung von Teilzeitmöglichkeiten angedroht und die Zahl der Vertretungsstunden steigt. Dagegen wird denen, die neu mit dem Beruf anfangen, versprochen, dass sie auch mal ein oder zwei Tage nicht zu kommen brauchen, wenn sie grad keinen Bock auf Arbeit haben und lieber Spaß haben wollen.

Wie machen die das dann eigentlich an den Universitäten? Sollte die Lücke zwischen Erwartung und Praxis nicht geschlossen werden? Also die, die nachmittags lieber flexen, werden sicher kein gutes Geld verdienen, die müssten auf unterhälftige Teilzeit gehen. Und übermäßige und gezielte Einflussnahme auf Jugendliche entspricht nicht unbedingt dem aktuellen Stand des pädagogischen und didaktischen Diskurses.

Vielleicht wird es auch Zeit, dass wir älteren Lehrkräfte mit unserer falschen, überengagierten, perfektionistischen Arbeitseinstellung, die wir uns mühselig in lauter Kursen wieder abtrainieren müssen, endlich Platz machen für eine neue Lehrergeneration.

Lifehack: Am besten Astronautennahrung – gesunde Mahlzeiten im Schulalltag

Jetzt ist wieder Pause, die größte Herausforderung des Tages erwartet mich: Ich muss was essen. Und zwar innerhalb von zehn Minuten! Doch durch mein Modul *Gesunde Ernährung für Lehrkräfte* fühle ich mich gut gewappnet. In dem Kurs habe ich gelernt, dass es auch beim Essen noch viele Optimierungsmöglichkeiten gibt. Es geht nicht um Genuss und das Auge soll auch nicht mitessen, denn in erster Linie müssen das Gehirn und die großen Muskelgruppen versorgt werden und nicht das Auge. Flüssige Shakes sind da ein echter Lifehack, der die schnelle Nahrungsaufnahme bei fehlendem Platz deutlich erleichtert. Und heute ist Mittwoch, mein Shake-Tag.

»Der Arbeitsalltag als Lehrkraft ist stressig. An manchen Tagen bleibt zwischen Lehrerzimmer und Unterrichtsstunden kaum Zeit zum Verschnaufen. Richtig stressig wird es dann, wenn auch noch eine Vertretungsstunde ansteht und die freie Stunde wegfällt. Dann besteht die Gefahr, dass keine Zeit zum Essen bleibt. Eine einfache Lösung für diesen Fall können Trinkmahlzeiten bieten.«[40]

40 https://www.lehrer-news.de/blog-posts/keine-zeit-zum-essen-trinkmahlzeiten-eine-alternative

Sie sind gesünder als Fastfood oder Knusperriegel und durch klassische Geschmacksrichtungen wie Schoko, Vanille und Erdbeere sehr beliebt. Gibt es auch in der Variante mit Crunch durch Mandelstückchen, falls man doch ein bisschen das Kauen beim Essen vermisst.[41]

Man darf das aber nicht zu oft machen. Denn in den Shakes sind Zuckerersatzstoffe, die unter Umständen sofort Heißhunger auf Schokolade machen, und Schokolade will ich ja umgehen. Über einen längeren Zeitraum genossen, können die Shakes für den Körper sogar ungesund sein. Deshalb trinke ich meinen Erdbeershake nur einmal in der Woche.

---

41 https://www.lehrer-news.de/blog-posts/keine-zeit-zum-essen-trinkmahlzeiten-eine-alternative

Ich finde ja, es wertet den Beruf auf! Das ist fast wie bei den Astronauten auf der ISS, die sich auch von Quetschies ernähren müssen, glaube ich. Allerdings sind die ihr ganzes Leben nicht so lange im All, wie ich noch an der Schule arbeiten muss ...

Morgen wird es dann wieder schwieriger. Da ist mein Gemüse-Eiweiß-Energiebällchen-Tag. Um nicht so viele Kalorien zu sich zu nehmen und sich trotzdem satt zu fühlen, empfehlen manche Ratgeber nämlich, die Energiedichte des Essens zu reduzieren und bloß nicht auf schnelle Energie durch Kaffee zurückzugreifen oder auf die Einflüsterungen des eigenen Cortisolspiegels zu hören. Der ständig erhöhte Cortisolspiegel, verursacht durch den Dauerstress, ist ein wahrer Feind der Lehrkräfte. Er steigert den Appetit auf süße »Nervennahrung« und fördert gleichzeitig den Fettaufbau. Noch schlimmer, es entwickeln sich Schlafstörungen, die Folgen sind Müdigkeit und Konzentrationsstörungen am Tag! Deshalb besser auf Gemüse und Eiweiß zurückgreifen, denn diese sättigen ebenfalls.[42]

Andere Meinungen wiederum stellen die körperliche und geistige Anstrengung des Berufs in den Vordergrund und raten zu hoher Energiedichte, um den schnellen Energieverbrauch zu kompensieren. Sie empfehlen z. B. selbst gemachte Energiebällchen mit einem hohen Anteil gesunder Fette zur Förderung der Konzentration.

---

42 https://lehrernrw.de/zeitschrift-lehrer-nrw/lehrernrw-de-lehrergesundheit-3/

Und achtsam essen soll man sowieso, das weiß ich jetzt auch. »Statt zwischen Tür und Angel oder mal schnell auf die Hand langsam und bewusst essen und jeden Bissen genießen.«[43] Um nichts falsch zu machen, kombiniere ich beide Ansätze. Ich möchte meinen Körper optimal versorgen. In meine Brotzeitbox kommt morgen also ein Salatblatt, ein halbes hart gekochtes Ei und ein Energiebällchen. Sonst haut das in zehn Minuten mit dem achtsamen Kauen nicht mehr hin.

Während ich jetzt so an meinem Shake sauge, erfahre ich einen Moment starker Selbstwahrnehmung! Ich möchte eigentlich lieber eine Portion Thaicurry! Und zwar im Sitzen mit ausreichend Platz! Aber weil das nicht geht, akzeptiere ich gütig die gegebenen Bedingungen und umarme sie innerlich. Denn negative Gedanken wirken sich ungünstig auf die Verdauung aus. Wichtig ist einzig und allein, dass mein Körper durch die Zufuhr geeigneter Nährstoffe optimal unterstützt wird, sodass jeder Stress durch die bestens mit der richtigen Energie versorgten, stahlharten Nerven abgefedert wird. Darauf kommt es an und nicht auf einen Tisch und Besteck. Wer in unserem Beruf gestresst ist, der hat einfach was Falsches gegessen!

---

43 https://wissenswert.debeka.de/gelassenheit-fuer-lehrer.html

Die Vorher-Nachher-Klasse — wie Verjüngungskur, nur andersrum

Es ist Montag, achte Stunde. Ich muss jetzt in die Vorher-Nachher-Klasse. Den Namen habe ich der Klasse gegeben. Eigentlich heißt sie 7e, in ihr sind 34 Kinder. Es hat sich rechnerisch nicht gelohnt, noch eine 7f aufzumachen, lieber hat man alle siebten Klassen so weit aufgefüllt, wie es die Räumlichkeiten zulassen, und die Durchgefallenen aus der achten Klasse kommen auch noch dazu. Die 34 aus der 7e sind sehr bewegungsorientiert und sehr sozial. Sie reden gern miteinander und wann immer sie die Möglichkeit haben, springen sie von ihren Stühlen auf und rennen im Klassenzimmer rum. Ich finde das völlig in Ordnung, sie können ja auch nichts dafür, dass die Klassenstärke so groß ist. Heftig ist es nur für die Lehrkräfte, die in der 7e unterrichten, vor allem am Nachmittag. Und die können auch nichts dafür, dass die Klasse so laut und so groß ist.

Ich fände es eigentlich schön, wenn gegenüber der Klassenzimmertür der 7e eine Bank wäre. Da könnte man sich dann draufsetzen, mit einer Tüte Energiebällchen in der Hand und wie im Kino den Vorher-Nachher-Effekt genießen. Am besten, wenn man selbst gerade aus dieser Klasse kommt und sowieso eine Erholungspause braucht.

Zuerst sieht man die Lehrperson sich dem Klassenzimmer nähern. Adrett gekleidet, jede Pore atmet Nährstoffe, die Frisur sitzt. Dann öffnet sie die Tür zum Klassenzimmer. Sofort hallt der Lärm mit Echo durch den brandschutzgerechten Gang. Die Kinder nutzen die zwei Minuten zwischen den Stunden zum Umpacken. Geografie rein, Geschichte raus. Denn am Nachmittag haben sie nur noch die Nebenfächer, für die Hauptfächer brauchen sie echte Konzentration! Beim Umpacken fliegen auch noch Stifte und Federmäppchen und Brotboxen und endlich kann Ernie aus der ersten Reihe mal seinen Freund Bert in der letzten Reihe besuchen. Sie wurden leider auseinandergesetzt, weil sie sich immer was zu erzählen haben. Überhaupt haben sie sich alle viel zu erzählen, und damit sie sich noch verstehen können, schreien sie, so laut sie nur können.

Während man sich die Energiebällchen auf der Zunge zergehen ließe, könnte man also die Lehrperson sehen, wie sie frisch gebügelt die Tür öffnet und dann von diesem Orkus der Lärmhölle verschluckt wird. Nach 45 Minuten geht die Tür wieder auf und heraus kommt eine andere Person, die mit der Hineingegangenen noch entfernt Ähnlichkeit hat. Verschwitzt, zerrupft, gebeugter Oberkörper, nur noch ein Schatten ihrer selbst. Deshalb Vorher-Nachher-Klasse. Weil der Effekt so visuell eindringlich ist. Selbst unserer Schulleitung geht das bei denen so. Ich weiß es, denn sie hat immer in der Stunde vor mir Unterricht, und wir geben uns sozusagen die Klinke in die Hand. So sehe ich immer am

Erscheinungsbild der Schulleitung, ob die Klasse gut drauf ist oder nicht, bevor ich überhaupt im Klassenzimmer bin. Ich bin natürlich immer pünktlich und hoffe, dass das Eindruck macht und in meiner Beurteilung positiv erwähnt wird.

Die 7e ist eine Ausnahme, es sind nicht alle Klassen so. An ihr merkt man aber besonders deutlich, dass Unterrichten nicht nur eine geistige, sondern auch eine körperliche Leistung ist. Ein Klassenzimmer kann man nicht im Halbschlaf mit hängenden Schultern betreten. Also, man kann schon, aber die Quittung folgt auf dem Fuße!

Schülerinnen und Schüler haben ein ungemein feines Sensorium dafür, ober der Wille zur Kontrolle über das Geschehen bei der eintretenden Lehrkraft stark oder schwach ausgeprägt ist. Ich möchte Kontrolle hier absolut nicht negativ verstanden wissen. Jeder Unterricht, auch ein sehr guter, braucht erst mal Kontrolle über das, was passiert. Gegebenenfalls auch Kontrolle darüber, wann diese abgegeben wird und für wie lange und zu welchem didaktisch-pädagogischen Zweck. Und das braucht Körperspannung. Vor allem, wenn man die vorher abgegebene Kontrolle wieder übernehmen will.

Selbst bei einer guten sozialen Beziehung zwischen Lehrperson und Klasse wird die Klasse sich nicht freiwillig wieder in die Ausgangsstellung hinsetzen und erwartungsvoll zuhören. Sie muss willentlich dazu gebracht werden, und weil die Kinder den Willen der Lehrkraft durch die Stirn nicht sehen können, auch wenn er noch so stark ist, muss man sich irgendwie körperlich bemerkbar machen. Aufrechter stehen und so. So ähnlich wie bei den Gorillamännchen im Urwald. Deshalb haben große Menschen hier oft einen Vorteil.

Es kommen noch andere Faktoren dazu. Hauptfach oder Nebenfach oder Tageszeit. Allgemein kann man aber sagen: Je größer die Klasse und je größer der Raum, desto mehr physische Präsenz braucht es, und es kostet körperliche Kraft, diese herzustellen. Bei rede- und bewegungsfreudigen Klassen (meistens in der Unter- und Mittelstufe) ist es entsprechend körperlich anstrengender.

Und auch bei größter Erfahrung und Unterrichtsgeschick wird es sich in vielen Fällen nicht vermeiden lassen, mal etwas lauter zu reden. Zwar bekommen alle in der Lehramtsausbildung den Tipp, sie sollen einfach leiser werden, wenn die Klasse lauter wird. Klappt in der Praxis aber nur in weniger als der Hälfte der Fälle.

Man weiß nach einem Tag in der Schule wahrhaftig, was man körperlich geleistet hat. Sogar, wenn man in der Freizeit noch anderen Sport macht, um sich fit zu halten. Vielleicht soll man deshalb so ein übertriebenes Frühstück zu sich nehmen?

Mit zunehmendem Alter geht das alles etwas beschwerlicher. Irgendwann so ab 50 Jahren, ist meine Beobachtung. Denn obwohl Seniorinnen und Senioren bei ausreichendem Training noch an Marathons teilnehmen können, sind älter werdende Menschen für den Cocktail aus körperlicher Anstrengung, Lärm, überhöhten CO_2-Werten und dauernder Anpassungsleistung unter Zeitdruck doch ein wenig anfällig. Beim Marathon haben sie immerhin frische Luft!

Kleinere Klassen wären natürlich eine Lösung. Oder dass man die »besonders schutzbedürftigen«, weil älteren, Menschen[44] nicht mehr in allen Klassen einsetzt. In der Wirtschaft nennt man so was »demografiesicherer Betrieb«.[45] Aber das geht auch nicht, weil laut Bundesamt für Statistik im Schuljahr 2022/2023 deutlich über ein Drittel aller Lehrkräfte in Deutschland zwischen 50 und 67 Jahren alt war. Rechnet

---

44 https://www.bgw-online.de/resource/blob/20196/ae3 563aa6e4cf052a58963db7ad3675e/bgw04-05-120-gefaehrdungsbeurteilung-in-bildungseinrichtungen-data.pdf, S. 13

45 https://www.bgw-online.de/resource/blob/20196/ae3 563aa6e4cf052a58963db7ad3675e/bgw04-05-120-gefaehrdungsbeurteilung-in-bildungseinrichtungen-data.pdf, S. 53

man die über 45 noch dazu, hätte man ziemlich genau die Hälfte.[46]

Bei einer Million aktiver Lehrkräfte macht die Hälfte ... also den Berlin-Marathon hätte man da schon voll! Wenn man die jetzt alle demografiesicher nur noch in den schlafenden Abschlussklassen einsetzen würde, dann könnte man denen einen 1:1-Unterricht anbieten, was an sich eine fantastische Prüfungsvorbereitung wäre. Aber in der Unter- und Mittelstufe wären die Klassen dann noch viel größer, und das geben die Räume einfach nicht her.

---

46 https://de.statista.com/statistik/daten/studie/1129882/umfrage
/verteilung-der-lehrerinnen-in-deutschland-nach-altersgruppen/

Nur Fachlehrkraft? – Schulentwicklung ganz leicht nebenbei

Gleich nach der achten Stunde muss ich los zum Arbeitskreis Qualitätsentwicklung an unserer Schule. Danach schließt noch der Arbeitskreis Ernährungsbildung an. Heute ist deshalb mein Diättag, dann geht das gleich Hand in Hand.

Ich bin eine von zwei Personen, für die dieser Zeitplan nicht passt. Die anderen kommen entweder später oder haben zwischendrin eine Freistunde, also wurden ein Kollege und ich überstimmt, als wir einen anderen Termin vorgeschlagen haben.

Schulen müssen ja wirklich mehr mit der Zeit gehen! Es kann nicht ausreichen, dass wir nur die Grundlagen in allen Fächern bei den Kindern und Jugendlichen legen und dabei immer auf der Stelle treten, so wie im Lateinunterricht. Da kann nichts Neues dazukommen, außer die Illustrationen im Schulbuch oder die gleichen Wortschatzübungen wie immer, nur digital.

Schule muss sich entwickeln und gesellschaftliche Trends aufnehmen. Und zwar am besten jedes Jahr einen neuen Trend! Gemessen an Social Media ist ein Jahr für ein Thema etwa so lang wie das Paläozoikum.

Und ich muss wirklich mal ein gutes Wort für unsere

zwei Arbeitsgruppen einlegen. Ich meine, wir stehen alle mit beiden Beinen im Beruf, und dann kümmern wir uns auch noch in unserer Arbeitsgruppe einmal im Monat eine Stunde um die Qualität in der ganzen Schule! Natürlich kommen wir da nicht so schnell voran wie eine Projektgruppe in einer Firma.

Anfangs war es sogar eine Stunde pro Woche, aber dann kam noch die Digitalisierungsstrategie dazu. Also haben wir immer abwechselnd jede Woche an einem Thema gearbeitet.

Zwei Jahre später kam die Demokratisierungsstrategie, obwohl wir bei allen Bemühungen die Digitalisierung noch nicht abgeschlossen hatten. Ständig sind Beamer kaputt gegangen oder Rechner ausgefallen, oder es gab ein Problem mit der Software oder die neuen Dokumentenkameras wurden nicht geliefert. So schlimm wie das Beschaffungswesen bei der Bundeswehr ist es natürlich nicht, aber geschmeidig ist was anderes. Bis die 32 Klassenzimmer endlich mit allem ausgestattet waren, haben wir jetzt leider Rechner der ersten Generation mit einer älteren Software und Rechner der zweiten und dritten Generation. Deswegen tritt selten das gleiche Problem zweimal auf, sondern es ist meistens ein völlig individuelles Problem, je nachdem, wann der Rechner mit welcher Software aufgestellt wurde.

Inzwischen wird es etwas leichter, weil jetzt die Klassen Stück für Stück mit Tablets ausgestattet werden. Komisch nur, dass niemand aus dem Problem gelernt hat und sich jetzt alles wiederholt. Je nachdem sind es Tablets der ersten Generation usw.

Die Demokratisierungsstrategie geht leider auch nicht schneller, weil zum Beispiel die verschiedenen Formen des Rassismus und des Antisemitismus einfach sehr komplex sind und den Nahostkonflikt noch nicht mal die UNO in den Griff bekommt. Deshalb sind wir damit jetzt auch noch nicht fertig.

Als dann noch die Ernährungsbildung dazukam, fingen alle an, sich ein bisschen so zu fühlen wie beim Jonglieren, wenn einem immer mehr Bälle zugeworfen werden. Von den Älteren haben gleich ganz viele abgewunken und gesagt, für sie lohnt es sich nicht mehr, nach dreißig Dienstjahren noch zum zwanzigsten Mal die Schule zu entwickeln. Und den Jüngeren wird es allmählich auch ein bisschen zu viel, weil sie dazu noch die Vertretungsstunden für die gar nicht Vorhandenen übernehmen müssen.

Wie gut, dass unter meinen Sportmodulen für Lehrkräfte auch ein Crashkurs im *Jonglieren* war. Ich nehme es jederzeit mit drei Arbeitsgruppen gleichzeitig auf. Für die Arbeitsgruppe »Schulfeste organisieren« habe ich mich schon gemeldet.

Denn nur Fachlehrkraft sein und sonst nichts mehr für die Schule tun, das geht gar nicht mehr. Das kommt auch nicht gut bei den Schülerinnen und Schülern an, die inzwischen öfter mal fragen, was man denn außer Unterricht sonst noch für Aufgaben in der Schule übernimmt. Wer da gleich ein paar Arbeitskreise aufzählen kann, ist deutlich im Vorteil.

Und für die Beurteilung spielt es natürlich auch eine Rolle. Da reicht ein Arbeitskreis aber nicht. Der ist praktisch schon Standard. Für die Beurteilung müssen es schon mehrere Arbeitskreise oder mindestens ein großes Projekt sein. Am besten bei Vollzeitdeputat. Denn nachweislich erhalten die Lehrkräfte, die in Teilzeit sind, in manchen Bundesländern im Durchschnitt die schlechteren Beurteilungen. Das betrifft Frauen häufiger als Männer.[47] Denen unterstellt man irgendwie, sie würden sich nicht richtig für die Schule engagieren, sondern sich möglicherweise um ihre Kinder oder Eltern kümmern.

Ich kenne aber auch welche, die sind extra auf Teilzeit gegangen, um ein großes, karrierewirksames Projekt überhaupt nebenbei organisieren zu können. Unbezahlt natürlich.

Mein Eindruck ist, dass die von der KMK vielleicht nicht mitbekommen, dass wir mit unserer einen Stunde im Monat etwas langsamer sind als die bei Microsoft. Oder sie nehmen die Bundeswehr als Standard und trauen den Schulen mehr zu. Jedenfalls könnten wir mal eine Atempause gebrauchen, um alle Themen der letzten fünf Jahre halbwegs auf den Weg zu bekommen. Ich befürchte aber, dass neue Themen eher in noch kürzeren Abständen auf uns zukommen werden.

---

47 https://www.bllv.de/vollstaendiger-artikel/news/beurteilung-von-lehrkraeften-muss-teilzeit-fair-sein-5761

Unlearn yourself – Desensibilisierung und Ausgeglichenheit lernen

Ein seltener Moment der Ruhe. Das Lehrerzimmer ist fast leer, man hört leises Geklapper von Tasten, die Verwaltungsarbeit muss auch mal gemacht werden. Mein Blick fällt auf eine der unzähligen pädagogischen Zeitschriften, die auf dem Fensterbrett in der Sonne vergilben. Ich lese: »Schulische Lehrkräfte sind, jedenfalls gilt dies bei den derzeit an unseren Schulen herrschenden Bedingungen, ‚Schwerstarbeiter im Klassenzimmer'.«[48] Der Artikel ist von 2008, so lange liegt die Zeitschrift schon hier. Es stimmt aber immer noch ein bisschen, finde ich.

Unterrichten ist ja nicht nur körperlich anstrengend, sondern fordert auch die Konzentration enorm. Und die menschliche Konzentrationsfähigkeit ist nicht unendlich, schon gar nicht bei Lärm und dauernder Unterbrechung. Jedes Gehirn braucht nach ein paar Stunden mal frische Luft und eine Pause.

Wenn ich so nachdenke, gibt es da auch noch Abstufungen. Besonders gefordert sind sensible Personen, die

---

48 http://www.psychotherapie-prof-bauer.de/lehrergesundheit.pdf

sehr viele Umweltreize wahrnehmen.[49] Im Wald sehen sie zum Beispiel den Wald vor lauter Bäumen nicht, weil sie jeden Baum, jedes Rascheln, jeden Geruch und jedes Farbspiel wahrnehmen. Aufs Klassenzimmer übertragen bedeutet das: Sie merken, dass die Schülerin in der letzten Reihe heute stiller ist als sonst und dass ihre Freundin so tut, als wäre das Deutschheft das Heft mit der Englischhausaufgabe, die sie nicht gemacht hat.

Dass bei denen das Gehirn schon nach vier Unterrichtsstunden einen Mental Overload hat, ist klar. Dabei liegt die Lösung auf der Hand! Die könnten doch einfach ihre Sinneswahrnehmung umschulen, dann würden sie mehr aushalten! Dafür gibt es bestimmt eine kurze Onlinefortbildung nach Unterrichtsschluss. *Nicht mehr sensibel durch Akupressur an der richtigen Stelle* oder so. Denn dass man ihnen seit Jahrzehnten den Befehl gibt, einfach nicht mehr so sensibel zu sein, war ganz offensichtlich nicht erfolgreich.

Ich glaube, die Sensiblen könnten sogar auch im Alter noch gute Lehrpersonen sein, wenn man den Stundenplan ein bisschen nach denen richten würde. Aber da könnte ja jeder kommen. Ich will morgens länger schlafen, ich will alles

---

49 »Definition Sensibilität: Wahrnehmung verschiedener Reize, die durch Sensoren über afferente Nerven und Rückenmarkbahnen zum Gehirn (zu Sinneszentren der sensiblen Hirnrinde u. a. Hirnarealen, z. B. Insel) geleitet und auf dieser Strecke moduliert werden«; Medizinisches Wörterbuch https://www.pschyrembel.de/Sensibilit%C3%A4t/K0KRX

am Stück und früher gehen, ich brauche alle zwei Stunden eine Pause, ich fange gern sehr früh an ...

Vielleicht würden sich die Wünsche ja auch alle so ungefähr ausgleichen, aber der Ansatz kommt mir schon ein bisschen dreist vor. Obwohl er in der Arbeitsmedizin von verschiedenen Seiten unterstützt wird. Dort liest man: »[D]er durch den Stundenplan vorgegebene Tagesablauf kann bei Lehrkräften gesundheitliche Beeinträchtigungen auslösen. Zu den belastenden Faktoren zählen insbesondere unzureichende Arbeitspausen, [...] zu hohe Pflichtstundendeputate, fehlende [...] Pausenräume.«[50]

Weniger anstrengend ist es für die Gruppe derer, die ihren Perfektionismus bereits besiegt haben oder von Haus aus nie besonders gründlich waren. Und dabei noch selbstbewusst denken, wie mega sie die Gruppenarbeit wieder vorbereitet haben. Und die beim Betreten des Klassenzimmers nur sehen, dass alle sitzen. Die halten auch mal sechs Stunden am Stück ohne Pause durch. Und haben im Kampf um die Beurteilungen einen Vorteil, weil sie nicht so sensibel sind.

Ein ganz schwieriges und anstrengendes weiteres Thema ist die Beziehungsgestaltung im Lehrberuf. »Der Lehrerberuf ist ein Beziehungsberuf par excellence. Alles schulische Lehren und Lernen ist eingebettet in zwischenmenschliche Beziehungsgestaltung (mit Schülern/Schülerinnen, Eltern,

50 https://www.unfallkasse-nrw.de/fileadmin/server/download/Regeln_und_Schriften/Regeln/102-601.pdf, S. 105

Kollegen/Kolleginnen und Vorgesetzten). Lehrkräfte müssten daher eigentlich ‚Beziehungskünstler' sein, sie sind durch ihre Ausbildung aber gerade darauf in der Regel nicht vorbereitet.«[51]

Und es wird immer schwieriger. Im Duden von 1950 wäre man zur Definition von *Lehrer, der* noch mit einer Zeile ausgekommen. Ist streng und hat einen Rohrstock. Dahin möchte natürlich niemand zurück.

Inzwischen braucht man mindestens eine Seite Kleinstdruck, um zu beschreiben, was eine *Lehrkraft, die* alles ausmacht. Wenn ich es auf ein Minimum zusammenfasse, dann muss man

- in Bezug auf die Kommunikation mit Schülerinnen und Schülern nicht zu empathisch aber auch nicht zu unempathisch, führend, aber nicht zu streng, engagiert, aber nicht zu stark engagiert und immer ein Vorbild sein. (Es soll sogar Lehrkräfte geben, die »auf der Lauer« nach Möglichkeiten sind, um »bis zur regelrechten Huldigung« etwas Wertschätzendes zu den Schülerinnen und Schülern zu sagen.[52] So weit würde ich persönlich vielleicht nicht gehen, dass ich mich gleich auf die Lauer lege.)

---

51 http://www.psychotherapie-prof-bauer.de/lehrergesund heit.pdf
52 https://www.cornelsen.de/magazin/beitraege/wert schaetzung-schule-heidemarie-brosche

- In Bezug auf die Eltern mindestens verständnisvoll, rechtssicher und professionell, die über hundert neuen Erziehungspartnerschaften mit zweihundert Eltern im Jahr begleitend und unterstützend, dabei aber nicht bevormundend daherkommen und beim Elternsprechtag Kekse hinstellen.

- Im Umgang mit den Kolleginnen und Kollegen wertschätzend, stets ein offenes Ohr und hilfsbereit, bei Bedarf auch fähig zu fairem Feedback, auch wenn sie vor dir den Kopierer ruinieren.

- Mit Seiteneinsteigern geduldig und erklärend, stets helfend zur Seite stehen und jederzeit höflich die Auskünfte gebend, die sie gerade brauchen, selbst wenn man es gerade brandeilig hat.

- Im Umgang mit der Schulleitung am besten selbstsicher, aber nicht zu selbstbewusst, fähig, an sich zu arbeiten, immer flexibel, wenn Mehrarbeit anfällt, dabei aber nicht zur Selbstüberforderung neigend.

- Im Umgang mit sich selbst liebevoll, authentisch und in gutem Kontakt zu den eigenen Emotionen. Immer ausgeglichen und bereit, sich in Fortbildungen um die eigene Gesundheit zu kümmern und trotzdem eine gute Trennung zwischen Arbeitsleben und Privatleben erreichend.

Wobei ich persönlich finde, dass das mit der *Schlafhygiene* schon ein bisschen ins Privatleben reingeht. Woran man schon sieht, dass sich einige dieser Anforderungen tatsächlich gegenseitig ausschließen.[53] Manchmal bin ich direkt neidisch auf meinen Freundeskreis, wo sie abends gelegentlich über die Stränge schlagen oder auch mal richtig schlecht gelaunt im Büro sitzen können, weil sie nicht immer ein ausgeglichenes Vorbild sein müssen.

Ich bin da im Laufe der Jahre so reingewachsen, und meine Schulleitung findet, dass ich mich gut entwickelt habe. Ein Problem sehe ich bei diesem Anforderungsprofil allerdings bei den Quereinsteigenden, die noch weniger Ahnung von Kommunikationspsychologie, inneren Antreibern, eigenen Triggern, gefährlichen Beziehungsmustern und Methoden zur Psychohygiene haben als die Lehrkräfte mit zwei abgeschlossenen Staatsexamen.

---

53 Dies wird in der Forschung bestätigt. Siehe z. B. Belastungen und Beanspruchungen im Lehrerberuf, Verlag für Sozialwissenschaften, Wiesbaden 2007

Einfach man selbst bleiben – NICHT an sich arbeiten, kann auch entspannen

Endlich mal Zeit, in Ruhe mein Mantra zu sprechen. Natürlich nur innerlich, laut wäre ja total peinlich. Also, tief atmen und es geht los. In einem Moment großer Selbstwahrnehmung akzeptiere ich mich so, wie ich bin. Wie ich bin, bin ich gut. Nur zu perfektionistisch. Zu erschöpft. Nicht positiv genug. Ich bin nicht entspannt genug. Ich muss besser werden. Mein kritisches Denken ist zu negativ. Ich muss mit der Schokolade aufhören und mich noch optimaler ernähren. Ich muss mir noch öfter den Vagusnerv klopfen. Ich muss noch die Schulaufgabe aus der 9a korrigieren ... Äh, meine Gedanken sind wohl etwas abgeschweift. Abschließend wiederhole ich schnell, dass ich schon einigermaßen in Ordnung bin, der sanfte Ton aus meinem Handy signalisiert, dass die Zeit für das Mantra jetzt um ist.

Später telefoniere mit meiner besten Freundin. Sie arbeitet an einer angesehenen europäischen Universität. Der Konkurrenzdruck ist hoch, der Kampf um die Drittmittel auch. Immer wieder hat auch sie Zeiten von Stress und erhöhtem Arbeitsaufkommen. Weil es meine beste Freundin ist, lacht sie nicht über meine neue Achtsamkeit, stattdessen bewundert sie meine Fähigkeit, mich nicht unterkriegen zu lassen. Denn eigentlich ist sie komplett anderer Meinung.

Sie sagt, sie hätte überhaupt keine Lust, für ihre Arbeitsstelle eine solche innere Nabelschau zu betreiben. Es müsse reichen, als ganz normaler, sozialer und motivierter Mensch mit einer fundierten fachlichen, lernpsychologischen und didaktischen Ausbildung erfolgreich unterrichten zu können. Ohne den ganzen selbstquälerischen Spagat zwischen geforderter Selbstakzeptanz bei gleichzeitiger Selbstablehnung. Ohne dass man noch einen neurowissenschaftlichen Grundkurs über das Wechselspiel von Sympathikus und Parasympathikus und den Vagusnerv machen muss. Ohne dass man hinterfragen muss, mit welchen inneren Erwartungen man auf die Welt schaut und ob diese Muster zum Lehrberuf passen. Denn – und das ist einer ihrer Hauptpunkte – es kann ja sein, dass man mit seinen Mustern in einem anderen Beruf absolut unbehelligt einfach nur zufrieden wäre. Ohne seine gewachsene Persönlichkeit mühevoll umbauen zu müssen.

Ihrer Meinung nach ist alles, was ich ihr über meine Lehrkräftegesundheitskurse erzähle, nur oberflächlich ressourcenorientiert. Nämlich ausschließlich an meinen persönlichen Ressourcen. Niemals an den strukturellen Ressourcen. Aus ihrer Sicht zäumt die ganze Debatte über die richtige innere Einstellung zum Lehrerberuf das Pferd von hinten auf. Hier sollen die Menschen passend für die Arbeitsbedingungen gemacht werden. Richtiger wäre es, die Arbeit so zu gestalten, dass eine ausreichende Zahl von engagierten Menschen sie ausüben kann.

An ihrer Universität denken sie etwas unternehmerischer und halten sich mehr an arbeitsmedizinische Ratschläge, denn »frühzeitige Maßnahmen, die arbeitsbedingte physische und psychische Belastungen verringern helfen, zahlen sich doppelt aus – sowohl für die Beschäftigten [...] als auch für das Unternehmen oder die Bildungseinrichtung. Dazu gehört die Gestaltung sicherer und gesunder [...] Arbeitsplätze«.[54]

»Sicheres und gesundes Arbeiten ist eine wesentliche Voraussetzung für die Motivation und Leistungsfähigkeit Ihrer Mitarbeiterinnen und Mitarbeiter. Gesundheit ist dabei mehr als die Abwesenheit von Krankheit: Gesunde Arbeit ist an den Menschen angepasst und nicht umgekehrt.«[55]

Sonst wird man langfristig Schwierigkeiten bekommen, in den Bildungseinrichtungen genügend Menschen einstellen zu können. Denn insbesondere in Zeiten des demografischen Wandels und Fachkräftemangels gibt es überhaupt keinen Grund, mühselig an seinen inneren Antreibern zu arbeiten. Man kann inzwischen relativ leicht den Job wechseln und einen finden, in dem man gegen aufkommenden Stress einfach joggen gehen kann.

Ich finde, sie sieht das alles ein bisschen zu streng. In

---

54 https://www.unfallkasse-nrw.de/fileadmin/server/download/ Regeln_und_Schriften/Regeln/102-601.pdf, S. 10

55 https://www.bgw-online.de/resource/blob/20196/ae3563aa 6e4cf052a58963db7ad3675e/bgw04-05-120-gefaehr dungsbeurteilung-in-bildungseinrichtungen-data.pdf

der Kultusministerkonferenz sitzen keine Unternehmer, das muss man ihnen schon nachsehen. Die Hilfestellungen aus Unternehmerkreisen könnten sie aber trotzdem annehmen.

Der Aktionsrat Bildung[56] appellierte z. B. schon 2014 an die Politik, der Lehrkräftegesundheit mehr Augenmerk zu schenken, wenn man langfristig einen Verlust an Bildungsqualität und dadurch negative Auswirkungen auf die Wirtschaft vermeiden wolle.[57]

Denn nach wie vor sind Lehrerinnen und Lehrer zentrale Vermittlungs- und Bezugspersonen im Bildungsprozess, das bestätigt auch die Bildungsforschung immer wieder. Wenn in den Schulen mehrheitlich erschöpfte und belastete Lehrkräfte ihre Motivation verlieren, dann wirkt sich das auf den Lernfortschritt der Kinder und Jugendlichen aus, weil dann die Qualität des Unterrichts leidet.[58] Denn »ein geringes berufliches Wohlbefinden stellt nicht nur eine große persönliche Belastung für die Lehrkräfte dar, sondern geht auch mit mehr Fehltagen, der Absicht, den Beruf zu wechseln, geringerer Unterrichtsqualität und Motivation der Schüler:innen einher [...]. Aufgrund des bereits bestehenden und sich zukünftig verschärfenden Mangels an Lehrkräften im Beruf und ihrer

---

56 Der Aktionsrat Bildung ist ein politisch unabhängiges Expertengremium renommierter Bildungswissenschaftler und -wissenschaftlerinnen, das sich 2005 auf Initiative der Bayerischen Wirtschaft e. V. gegründet hat.

57 https://www.deutschlandfunk.de/burn-out-studie-gefahr-fuer-die-schulbildung-100.html

58 https://www.aerzteblatt.de/archiv/170601/Lehrergesundheit

gleichzeitig hohen Relevanz für die Förderung der wachsenden Anzahl leistungsschwacher Schüler:innen ist ihr berufliches Wohlbefinden von hoher Bedeutung.«[59]

Das weiß die KMK wahrscheinlich einfach nicht. Wenn die mit ihren Entscheidungen den Bildungs- und damit den Wirtschaftsstandort Deutschland schwächen, dann sicher nur aus Versehen.

Wenn wir schon bei der Wirtschaft sind, da fällt mir gleich der Bund der Steuerzahler ein. Können die nicht mal mit der KMK reden? Die sind ja immer recht resolut im Auftreten. Denn wenn man das ganze Geld, dass für die kranken Lehrkräfte, die Kuren und die Frühpensionierungen bezahlt wird, in neue Planstellen stecken würde, dann wäre das vielleicht eine mehr vorwärtsgewandte Investition?

Wirtschaftliche Gewinner gibt es natürlich auch. Privatkliniken für ausgebrannte Lehrpersonen, Dienst- und Berufsunfähigkeitsversicherungen und zahlreiche Anbieter von Kursen zur Lehrkräftegesundheit. Dazu eine steigende Zahl von Ex-Lehrkräften, die nach ein paar Jahren aus der Schule ausgestiegen sind und in der Beratung erschöpfter Lehrpersonen jetzt ein Auskommen suchen. Die Qualität der Angebote variiert zwischen sehr gut und eher unprofessionell. Es scheint, der Markt hat erschöpfte Lehrkräfte als Zielgruppe entdeckt, mit der sich Geld verdienen lässt, und profitiert regelrecht

---

59 https://www.bosch-stiftung.de/sites/default/files/publications/pdf/2024-04/Schulbarometer_Lehrkraefte_2024_FORSCHUNGSBERICHT.pdf

davon, nicht auf Änderungen am Arbeitsplatz Schule zu drängen, sondern am Individuum anzusetzen. Selbst Studierende, Referendarinnen und Referendare sind schon als Zielgruppe ausgemacht.

Zahlen belegen, dass die Universität meiner Freundin mit ihrem mehr arbeitsmedizinisch orientierten Ansatz ein bisschen recht hat. Denn an den Schulen nimmt die Zahl von Lehrkräften, die kündigen, zu. Auch bei den verbeamteten Lehrkräften. Tendenz steigend.

Die Jungen gehen mit einer Kündigung auch bei einer Verbeamtung noch kein finanzielles Risiko ein. Und die Älteren kündigen entweder innerlich oder hören auf Wunsch trotz Abschlag auf die Pension mit 63 auf oder werden vorher so krank, dass sie frühpensioniert werden müssen. Zusammen mit denen, die den Beruf erst gar nicht mehr ergreifen, tut sich hier eine ziemliche Lücke auf, die sich im nächsten Jahrzehnt immer weiter vergrößern wird. Und ich weiß, wer das wieder ausbadet …

Emotionaler Battleground – der Arbeitsplatz Schule

Heute Abend ist mein Vater zu Besuch. Wenn es um meinen Beruf geht, fängt er immer mit der Feuerzangenbowle an, und ich verdrehe die Augen. Noch nicht mal er war 1944 schon auf der Welt, geschweige denn ein Schüler.

Egal ob Feuerzangenbowle, Lümmel von der ersten Bank oder Fack ju Göhte – mit der Schulzeit und den Lehrkräften haben schon viele Filmgenerationen abgerechnet. Die Entwicklung vom Männerberuf zum Frauenberuf kann man anhand der Filme übrigens sehr gut popkulturell nachvollziehen, ebenso den Paradigmenwechsel von der Monoedukation zur Koedukation. Vor allem ältere Lehrkräfte werden gern zum Abschuss freigegeben. Den Schulmädchenreport lasse ich hier als eigenes Genre mal außen vor.

Ich muss zugeben, dass ich mir nur ganz selten Schulfilme anschaue. Das regt mich zu sehr auf, dann steigt mein Blutdruck kurz vor dem Schlafengehen und schon ist die Schlafhygiene zum Teufel.

Die Beliebtheit des Themas Schule liegt vermutlich darin, dass alle irgendwann in der Schule waren. Sobald sie abgeschlossen ist, wird sie zum Ort einer positiv oder negativ verzerrten Erinnerung. Ganz selbstverständlich verfügt jeder Mensch aus seiner eigenen Schulzeit über ausreichend anekdotische Evidenz, nach der Lehrkräfte entweder völlig unfähig oder faul oder super engagiert im Klassenzimmer stehen. So oder so werden sie nicht als normale Arbeitnehmerinnen und Arbeitnehmer und Schule nicht als ein Arbeitsplatz unter vielen wahrgenommen.

Neben ihrer Verklärung als Erinnerungsort wird Schule auch als mehr oder minder abstrakter Bildungsort betrachtet. Gern von älteren, männlichen Professoren und Erziehungswissenschaftlern, die genau wissen, was die (mehrheitlich weiblichen) Lehrpersonen zu tun haben.

Im Fokus stehen die Kinder und Jugendlichen. Deren Leistungen und Wohlbefinden werden in PISA und ähnlichen Studien gemessen, und dann werden daraus Schlüsse gezogen, was sich an deutschen Schulen verändern muss. Bei all dem geht es häufig um einen entpersonalisierten Bildungsbegriff. »Die Bildung« muss besser oder moderner oder digitaler werden.

Wenn es um Lehrkräfte geht, dann vorwiegend als

- Adressaten für die neuesten Forschungsergebnisse diverser Lehrstühle für Erziehungswissenschaften, Pädagogik und Didaktik.
- Käuferinnen der unzähligen Produkte für einen besseren Unterricht. Der Markt ist voll mit bildungstheoretischen Werken, mit didaktischen und pädagogischen Handreichungen und Zeitschriften, mit Unterrichtsmaterial großer Schulbuchverlage. Auch der Markt an digitalen Unterrichtshilfen boomt.

- Teilnehmende an einem seit Jahren immer größer werdenden Angebot an Kursen zur psychischen und physischen Lehrkräftegesundheit oder Rezipierende von Onlinetipps zur besseren Arbeitsgestaltung.
- Follower von Bildungsinfluencern und influencerinnen und deren Social Media Content.

Am Bildungsort Schule sind Lehrerinnen und Lehrer offensichtlich ganz selbstverständlich präsent und permanent aufnahmefähig für neue Informationen, die sie sofort umsetzen wollen, sollen und können.

Schule ist aber auch ein ganz realer Ort für alle, die jeden Tag ein Schulgebäude betreten und verlassen. In Deutschland gab es Stand 2022/2023 ziemlich genau 35.000 Schulen.[60] Sie sind der Arbeitsplatz für die gut 1 Mio Lehrkräfte (nach der Bundesagentur für Arbeit),[61] die hier täglich eine Humandienstleistung[62] erbringen. In diesem Sinne sind Lehrkräfte ebenso wie Andere ganz normale Arbeitnehmerinnen und Arbeitnehmer mit entsprechenden Rechten auf einen geeigneten Arbeitsplatz.

---

60 https://de.statista.com/statistik/daten/studie/235954/um frage/allgemeinbildende-schulen-in-deutschland-nach-schulart /; https://de.statista.com/statistik/daten/studie/1460517/ umfrage/anzahl-der-beruflichen-schulen/

61 https://statistik.arbeitsagentur.de/DE/Statischer-Content/ Statistiken/Themen-im-Fokus/Berufe/AkademikerInnen/Berufs gruppen/Generische-Publikationen/2-8-Lehrkraefte.pdf?__ blob=publicationFile

62 Joachim Bauer, Lehrergesundheit

Für die Zukunft sollten es idealerweise noch mehr werden. Prognosen der Kultusministerkonferenz der Länder gehen von weiterem Personalbedarf aus. Danach wird sich bis 2035 nicht nur die Zahl der Schülerinnen und Schüler von 11 auf 12 Millionen erhöhen,[63] sondern auch der Lehrkräftebedarf steigen. Und zwar überproportional, weil nicht nur die veränderten Geburtenzahlen, sondern auch die Zuwanderung sowie die erweiterten Anforderungen an Schule in den Bereichen Inklusion, Ganztagsangebot und Sprachförderung mehr Personal erfordern.[64]

Auch für Leute, die es nicht so mit Zahlen haben – das sind jede Menge Menschen, die hier jeden Tag an jeder Menge real existierender Schulen viele Stunden Zeit verbringen müssen! Selbst wenn ich das mit den vielen geplanten Neueinstellungen noch nicht so ganz glaube.

Das mit dem Arbeitsplatz will meinem Vater nicht mehr so richtig in den Kopf. Lehrkräfte haben schließlich sechs Wochen mehr Ferien als alle anderen, da brauchen sie während des Schuljahrs nicht noch Arbeitsschutz, Pausen oder mehr Platz. Außerdem hocken sie nachmittags alle mit

---

63 Vorausberechnung der Zahlen der Schüler/-innen und Absolvierenden 2022 bis 2035. Statistische Veröffentlichungen der Kultusministerkonferenz, Nr. 237, September 2023

64 Lehrkräfteeinstellungsbedarf und -angebot in der Bundesrepublik Deutschland 2021–2035 – zusammengefasste Modellrechnung der Länder. Statistische Veröffentlichungen der Kultusministerkonferenz, Nr. 233, März 2022

ihren Freunden – mein Vater lehnt Anglizismen wie Friends ab – am Stammtisch und haben nichts zu tun, behauptet er.

Ich überlege, ob ich ihm das Effort-Reward-Problem erklären soll, verwerfe die Idee aber schon wegen der Anglizismen sofort wieder. »Die aus dem öffentlichen Raum häufig polemisch artikulierte pauschale Entwertung der von Lehrerinnen und Lehrern geleisteten Arbeit ist kein Beitrag zur Lösung, sondern im Gegenteil ein Teil des Problems. Hohe Verausgabung (»Effort«) bei geringer Wertschätzung (»Reward«) ist ein empirisch gesicherter Risikofaktor für die Entwicklung eines Burnout-Syndroms.«[65]

Ich entschließe mich, eine Runde Karten mit ihm zu spielen und das Thema zu beenden.

---

65 Joachim Bauer, Lehrergesundheit

Glücklich besser arbeiten – die psychische Gefährdungsbeurteilung

Es ist Lehrerkonferenz. Die Schulleitung teilt einen Bogen zur psychischen Gefährdungsbeurteilung aus. Viele um mich herum murren, aber mir macht so was Spaß. Ich erfahre gern etwas über mich und mag deshalb auch Selbsttests in Lebensratgebern und so. Den Selbsttest hinten in diesem Buch habe ich auch schon gemacht.

Seit 2013 ist die psychische Gefährdungsbeurteilung Teil des Arbeitsschutzgesetzes,[66] sie ist eine gesetzliche Pflicht und muss auch an Schulen durchgeführt werden. Auf welche Weise sie durchgeführt wird, ist in jedem Bundesland verschieden geregelt, Schulen sind Ländersache. In einigen Bundesländern gibt es Musterfragebögen, die von den Kultusministerien oder durch sie beauftragte Expertinnen oder Experten erstellt wurden. Es müssen aber nicht zwingend Fragebögen sein, so lange dokumentiert ist, dass man eine Maßnahme zur psychischen Gefährdungsbeurteilung durchgeführt hat. Verantwortlich dafür sind die Schulleitungen.

---

66 https://www.baua.de/DE/Themen/Arbeitsgestaltung /Gefaehrdungsbeurteilung/Handbuch-Gefaehrdungs beurteilung/Expertenwissen/Psychische-Faktoren

Wer eine Einführung in das Thema in Leichter Sprache und mit wohltemperierter Musik im Hintergrund sucht, kann sich das Erklärvideo des Arbeitsmedizinischen Instituts für Schulen in Bayern anschauen. Es soll helfen, gesund und glücklich zu werden, denn dann arbeitet man besser. Da sind sich Wissenschaftler sicher.[67]

Karl Marx würde diesen Ansatz vielleicht ein bisschen zu sehr vom Kapitalismus her gedacht finden. Zu sehr von der verwertbaren Arbeitsleistung her und nicht vom Menschen. Man könnte ja auch gesund und glücklich sein, WEIL die Arbeitsbedingungen gesund sind und die Arbeitsbelastung angemessen ist. Vielleicht würde er aber auch die Leichte Sprache nicht verstehen.

---

67 https://www.lgl.bayern.de/arbeitsschutz/amis/

Jedenfalls wird in dem Video gleich auf zwei der am häufigsten auftretenden Probleme im Unterrichtsalltag eingegangen: Umgang mit Holzstaub und »Wie ist das eigentlich mit dem Mutterschutz im Schulalltag? Was müssen ich und meine Schulleitung beachten?« Dann kann man der Schulleitung gleich Bescheid sagen, was sie beachten muss.[68]

Auf der Website des Landesinstituts für Lehrerbildung und Schulentwicklung in Hamburg wird zum Thema psychische Gefährdungsbeurteilung auch ein Erklärvideo angeboten, der *Arbeitsschutzfilm*. Das haben Sie Björn von ABBA auf Deutsch einsprechen lassen, oder sieht der nur so ähnlich aus?

Der hält es stark für möglich, dass Menschen von außen falsch beansprucht werden und dass diese Fehlbeanspruchung zu psychischen Erkrankungen führen kann. Nach seiner Definition ist Stress »zu viel«, »zu wenig« oder »das Falsche«. Wenn die äußeren Rahmenbedingungen viele Dinge bereithalten, wie z. B. dauernde Unterbrechungen »dann werden die Leute krank«.[69] Er sieht das Risiko struktureller Faktoren deshalb ebenso wie das Risiko individueller Faktoren.

In Niedersachsen sieht man die Sache sehr differenziert, wie eine Praxishilfe zur Durchführung der

---

68 https://www.lgl.bayern.de/arbeitsschutz/amis/
69 https://www.arbeitsschutzfilm.de/mediathek/psychische-belastungen-und-beanspruchungen-am-arbeitsplatz-video_77c3f7114.html

Gefährdungsbeurteilung zeigt. Einerseits wird es zum Ziel erklärt, »gesundheitsförderliche Arbeitsbedingungen im Sinne der menschengerechten Gestaltung der Arbeit zu realisieren«. Andererseits geht man davon aus, dass selbst »messbare Belastungen« subjektiv verarbeitet und empfunden werden, »d. h. dieselben Belastungen werden nicht von allen Menschen als Beanspruchung erlebt«.[70]

Diesen Punkt verstehe ich nicht ganz. Gelten dann z. B. messbar gesundheitsbeeinträchtigende CO_2-Werte nicht mehr, wenn sie nicht als Belastung empfunden werden? Was ist, wenn zwei von zehn Personen unter dem deutlich überhöhten Messwert leiden und Kopfweh bekommen und die anderen acht sagen, dass es sie nicht stört?

Wenn ich Schulleitung wäre, würde ich mich vor allem auf die Aussage konzentrieren, nach der standardisierte Fragebögen das gesamte Spektrum eines Themas erfassen, wenn sie valide sind, aber ggf. auch Bereiche beinhalten, zu denen ein Kollegium aktuell keine Daten benötigt.[71] Keine Daten werden zum Beispiel zur Lärmmessung und zu ergonomischen Arbeitsplätzen benötigt. Denn an diesen Faktoren ist nichts zu ändern, also benötigt man dazu auch keine Daten.

Deshalb würde ich auch keinen Standardfragebogen einsetzen, eher einen nichtstandardisierten Workshop

---

70 https://bildungsportal-niedersachsen.de/fileadmin/2_Portale/ AUG/Psychosoziale_Themen/Dokumente/Praxishilfen.pdf

71 https://bildungsportal-niedersachsen.de/fileadmin/2_Portale/ AUG/Psychosoziale_Themen/Dokumente/Praxishilfen.pdf

machen und mich dabei genau an die vorgeschlagenen Schritte der erwähnten Praxishilfe halten. Nämlich in vertraulichem Rahmen und begleitet von Psychologinnen und Psychologen das Kollegium erst mal seine eigenen Ressourcen auf Moderationskarten sammeln lassen. Sortieren, clustern, priorisieren und dann das Kollegium erste Lösungsansätze erarbeiten lassen. Dann Maßnahmen benennen lassen »Was kann ich selbst/können wir tun?« Dann würden sich alle eingebunden fühlen, es entstünden keine zu hohen Kosten oder gar Forderungen an strukturelle Veränderungen und ich als Schulleitung wäre aus dem Schneider. Und immer, wenn die CO_2-Ampel im Lehrerzimmer aufleuchtet, im Turnus das Fenster aufmachen lassen.

Eine andere Möglichkeit ist, das Risiko selbst einzuschätzen, auch dafür gibt es Vorlagen. Wie hoch ist z. B. die

- Eintrittswahrscheinlichkeit, dass bei Lehrkräften aufgrund einer arbeitsbedingten Belastung eine Erkrankung auftreten könnte?

Daten hierzu gibt es ausreichend.

- Welches Ausmaß hätte ein daraus folgender Gesundheitsschaden?

Auch hierzu kann man aus bereits erhobenen Daten Rückschlüsse ziehen.

Anschließend ist eine Gefährdungsbeurteilung in sieben Schritten möglich: »Wenn Sie die Eintrittswahrscheinlichkeit und das Ausmaß eines Gesundheitsschadens miteinander in Beziehung setzen, [...] kann das Risiko mit einer gewissen Objektivität eingeschätzt werden. Daraus ergibt sich die Dringlichkeit des Handlungsbedarfs.«[72]

Weil ich keine Schulleitung bin, versuche ich, mich selbst gesundheitlich in ein möglichst gutes Licht zu rücken. Der Umgang mit Stress ist in einigen Regionen zu einem eigenen Kriterium bei der Beurteilung erhoben worden. Die überdurchschnittlich guten Lehrkräfte bekommen als Formulierung z.B. *#verfügt auch in Stresssituationen über eine positive Energie und Lebenseinstellung* in ihre Beurteilung. Die Normalen *#vermeiden unnötige Stressmomente durch sinnvolle Planung* und die anderen *#unterschätzen die eigenen Möglichkeiten* und *#sind in Ausnahmesituationen überfordert.*[73]

Durch meinen Kurs in *Lachyoga* wirke ich jederzeit fröhlich, sobald unsere Schulleitung um die Ecke kommt, auch als sie mir neulich nicht rechtzeitig die Information weitergeleitet hat, dass in der Nacht ganz plötzlich die Mutter einer Schülerin verstorben war. Die ganze Klasse war komplett aufgelöst, als ich zur ersten Stunde kam ...

---

72 https://www.bgw-online.de/resource/blob/20196/ae3563aa6e4cf052a58963db7ad3675e/bgw04-05-120-gefaehrdungsbeurteilung-in-bildungseinrichtungen-data.pdf, S. 14f.

73 https://stadt.muenchen.de/dam/jcr:f0414b58-39f1-442c-b160-5b25abc349d5/lk_beurteilung_richtlinien.pdf

#immer vorbereitet –
Fremdbestimmung als Stressor

Heute war ja wieder ein Tag! Es ist erst 14 Uhr, aber ich bin so erledigt, dass ich gleich zwei Shakes auf einmal trinken muss! Alles fing an sich gut an. Fünf Stunden Unterricht mit einer Freistunde dazwischen, alles gut vorbereitet in der Tasche. Aber manchmal gibt es so Tage, da läuft es einfach nicht.

In der ersten Stunde einmal heftiges Nasenbluten in der dritten Reihe. Nasenbluten ist eigentlich Standard, aber mitten in einem schriftlichen Test ist es natürlich blöd. Blitzschnelle Entscheidung, ich schalte für 30 Sekunden meinen 360-Grad-Blick ein, versorge das arme Kind, der Test kann weitergehen, zu viele Möglichkeit zum Spicken gab es nicht. Hoffentlich kommen keine Klagen von Eltern, dass ihr Kind in der ersten Reihe nur deshalb eine 5 geschrieben hat, weil in der dritten Reihe Nasenbluten war und der Test wiederholt werden muss.

Leicht angespannt gehe ich weiter in die zweite Stunde. Ich habe einen Filmausschnitt zur Analyse vorbereitet, aber der Rechner muss erst ein zentral eingespieltes Update verarbeiten und dann funktioniert der Ton nicht. Irgendwer hat ein Kabel umgesteckt. Der Spannungsbogen meines vorbereiteten Unterrichts ist nach wenigen Minuten bei Minus 300, die Aufmerksamkeit und Lautstärke entsprechend.

In der Pause keine Möglichkeit für die Toilette. Wir sind 60 weibliche Lehrkräfte und es gibt auf jedem Stockwerk eine Damentoilette. Auch wenn wir nicht alle gleichzeitig im Haus sind, kann es bei drei Toiletten sein, dass man die Pause damit verbringt, alle Stockwerke abzuklappern, und immer war jemand schneller.

Dritte Stunde, in meiner Unterstufe fällt plötzlich ein letzter Milchzahn aus, es blutet wieder. In der vierten Stunde habe ich frei, gehe aber pflichtbewusst zum Vertretungsplan, wo ich auch prompt in der Zwischenzeit für meine Freistunde eingesetzt wurde, und zwar in der Vorher-Nachher-Klasse. Nach diesen vier Stunden ist mein Cortisolspiegel bereits bedenklich hoch, vielleicht kann ich mir heimlich ein bisschen auf den Vagusnerv klopfen, wenn in der nächsten Stunde die Stillarbeitsphase ist.

Zweite Pause, endlich komme ich aufs Klo, dafür nicht zum Essen. Ich gehe hoch zu meiner nächsten Klasse, keine Jugendlichen, dafür die Schulleitung: »Ich dachte, ich schaue mir heute mal Ihren Unterricht an ...« Ich schließe die Klassenzimmertür auf, es fehlt die Hälfte der Stühle. Langsam tröpfeln die ersten Jugendlichen ein. Sie haben gerade Matheschulaufgabe geschrieben und die Angabe war so lang, dass es noch über die Pause gedauert hat. Die anderen würden dann im Laufe der zehn Minuten auch noch nach und nach kommen. Hunger haben sie alle, denn in der Pause haben sie ja noch Mathe geschrieben.

Die Schulleitung nimmt sich einen der wenigen Stühle und setzt sich hinten hin, Blick erwartungsvoll nach vorn auf mich gerichtet. Jetzt kann ich unmöglich den Vagusnerv klopfen, wie sieht denn das aus? Tja, was soll man machen? Die Selbstwahrnehmung sagt, dass das alles saublöd ist, aber die hungrigen Kinder warten auf eine Antwort und Stühle fehlen auch. Also Stühle aus dem Nachbarzimmer organisieren, Kindern erlauben, während des Unterrichts ausnahmsweise leise zu essen, Unterricht blitzartig so anpassen, dass nach zwei Stunden Matheschulaufgabe und beim Essen wenigstens noch ein bisschen was hängen bleibt und fieberhaft nachdenken, an welcher Stelle ein rundes Ende möglich ist, denn die vorbereitete Stunde war auf 45 Minuten ausgelegt. Man will vor der Schulleitung, die von hinten gespannt verfolgt, ob man den Stundenanfang gut geplant, die Arbeitsphasen zeitlich gut berechnet und die allgemeinen Regeln guten Unterrichts beachtet hat, schließlich nicht mitten im Satz die Stunde beenden. Dann noch die letzte Stunde, in der sich zwei Wespen ins Klassenzimmer verirren.

Jetzt ist es 14 Uhr, und ich setze mich ins knallvolle und laute Lehrerzimmer. Der frauenfeindliche Kollege kommt vorbei und fragt, warum ich so gestresst aussehe. Oh Gott, sieht man es mir etwa an? Schnell #positive Energie und Lebenseinstellung vortäuschen. Fake it until you make it! Noch bin ich nach einem solchen Vormittag ehrlich gesagt fix und fertig.

Studien zufolge erhöhen solche Tage wie heute, wenn sie zu oft vorkommen, das Risiko, im Jahr drauf um eine volle Woche länger krank zu werden um dreißig bis siebzig

Prozent.[74] Eigentlich bräuchte ich heute den Nachmittag frei, aber das geht nicht.

Solche Tage gibt es einmal im Jahr. Alles einzeln kommt öfter vor, aber dass es zusammenfällt, kommt nur einmal im Jahr vor. Dann erreicht die Fremdbestimmung ein Maximum, und man muss eine Selbstkontrolle auspacken, die enorme Energie kostet.

Und gefährlich ist es auch. Denn in Humandienstleistungsberufen herrscht ein ungeheurer Anpassungsdruck, der viele – unmerklich – in eine emotionale Situation hineinzwängt, in der die eigene Identität immer mehr in den Hintergrund gerät und letztlich verloren geht, wenn man nicht gegensteuert. Deshalb ist man immer gefordert, die Balance zwischen der Anpassung an die berufliche Rolle und die eigene emotionale Echtheit im Blick zu behalten.[75]

Überhaupt bergen folgende Punkte in sozialen Berufen ein hohes Risiko für Erschöpfung und Burnout:

- hohe Taktbindung
- hohe Interaktionsdichte (z. B. mit Schülern/innen)
- ständiges Eingehen auf die Bedürfnisse anderer Menschen (z. B. von Schülern/innen)
- permanentes Zeigen geforderter Emotionen unabhängig von eigenen Empfindungen

---

74 https://www.arbeitsschutzfilm.de/mediathek/psychische-belastungen-und-beanspruchungen-am-arbeitsplatz-video_77c3f7114.html
75 http://www.psychotherapie-prof-bauer.de/lehrergesundheit.pdf

- unzureichendes Pausenregime (bezogen auf die Lage der Pausen, deren Verkürzung oder Ausfall).[76]

Der Schreikrampf, den ich spätestens beim Unterrichtsbesuch ohne Schüler und Stühle bekommen wollte, wäre emotional richtig echt gewesen. Ging aber nicht. Gemäß dem Gesetz der Energie hat er sich in Muskelverspannungen verwandelt, die man von außen wenigstens nicht sieht.

Ähnlich ist es auch mit dem eigenen Biorhythmus, der überhaupt nicht gefragt wird. Stundenplan ist Stundenplan, egal, was der Biorhythmus sagt. Aufsichtspflicht ist Aufsichtspflicht. Da kann man nicht einfach mal im Unterricht rausgehen, weil jetzt endlich die Toiletten frei sind. Oder Essen auspacken, weil man Hunger hat. Der Gong ist der Taktgeber, nach dem sich alle richten.

Man weiß das, wenn man diesen Beruf ergreift. Und man kennt es aus der eigenen Schulzeit. Oft hat es etwas Beruhigendes, denn man weiß, was man wann zu tun hat. Manchmal gibt es aber auch Zeiten im Laufe der Lebensjahrzehnte, in denen man unter der Fremdbestimmung zusätzlich leidet und sie eher wie einen Kontrollverlust über das eigene Leben wahrnimmt. Dann stellt sie

---

76 Arbeitsschutz in der Praxis, Berücksichtigung psychischer Belastung in der Gefährdungsbeurteilung, Empfehlungen zur Umsetzung in der betrieblichen Praxis, hrsg vom Bundesministerium für Arbeit und Soziales 2022, file:///C:/Users/Downloads/Psychische-Belastung-Gefaehrdungsbeurteilung-4-Auflage-4.pdf

schlimmstenfalls ein weiteres Puzzleteil auf dem Weg in eine tiefe Erschöpfung dar.

Ich hake es einfach als #scheisstag ab.

Zyniker im Vorteil – manchmal hilft nur noch aufgeben

Am Abend treffe ich mich mit einem jüngeren Kollegen und seiner Freundin. Sie ist auch Lehrerin, an einer Schule im Nachbarort. Wir waren alle so froh, dass er vor zwei Jahren zu uns an die Schule kam, denn es waren vier Stellen unbesetzt. Mit ihm würde es wenigstens ein bisschen leichter werden, er deckte den Bedarf in Englisch und Wirtschaft wenigstens zu einem Viertel und konnte in Mathe, Physik und Informatik auf jeden Fall die Vertretungsstunden übernehmen. Da fehlten zu viele Lehrkräfte, um alle Klassen abzudecken.

Doch beide haben jetzt gekündigt. Fast bin ich ein bisschen neidisch, aber ich wollte ja positiv denken. Die beiden sind leider keine Einzelfälle, es wäre auch ein bisschen ulkig gewesen, wenn unsere Schule von der Welle der Kündigungen durch jüngere Lehrkräfte verschont geblieben wäre. Beide sagen, sie hätten sich den Beruf irgendwie anders vorgestellt.

Eine gute Beziehungsarbeit mit den Kindern und Jugendlichen sei überhaupt nicht möglich. Dazu sind die Klassen zu groß und die ernst zu nehmenden Bedürfnisse zu unterschiedlich. Kinder und Jugendliche leiden seit Jahren zunehmend unter psychischen Problemen, das war schon vor

Corona so und hat sich noch verstärkt. Und die Probleme rangieren von Depressionen durch zu hohen Medienkonsum bis hin zu Flucht- und Kriegstraumata.

Dazu kommt der Anspruch auf Inklusion, den man voll und ganz unterstützt, der im Einzelfall aber zu einer kompletten Überforderung der Lehrkraft führen kann, wenn diese ohne Vorwarnung und ohne Vorbereitung zum Beispiel plötzlich jemanden aus dem Autismusspektrum neben 30 anderen Kindern im Unterricht hat.

Die beiden meinen, sie würden all dem so gern gerecht werden. Aber es fehlt an der entsprechenden fundierten Ausbildung im Umgang mit ADHS, Depressionen oder Fluchttraumata. Tagesfortbildungen zu diesen Themen kratzten oft an der Oberfläche und kämen manchmal auch von zweifelhaft qualifizierten Referentinnen oder Referenten. Und selbst, wenn man sich fundiertes Wissen draufschaufeln würde, sitzen da immer noch 30 Personen mit unterschiedlichen Bedürfnissen, und das ist einfach zu viel. Das ist überhaupt nicht zu schaffen. Die, die dann runterfallen, sind oft die Stillen, was man zwar aus dem Augenwinkel wahrnimmt, aber auch nicht mehr auffangen kann. Anstatt unterstützen zu können, ist man nicht nur Zeuge, sondern auch Teil dieser Maschinerie, obwohl man genau sieht, dass viele Kinder eigentlich ganz anderen Support brauchten. Das macht auf die Dauer selbst kaputt.

Ich kann die beiden verstehen. Jetzt ist der Abend doch ein bisschen ernst geworden und positiv Denken hilft auch nicht mehr. Nachdenklich gehe ich nach Hause. Wären das nicht eigentlich genau die Lehrkräfte, die wir brauchten? Die einen Draht zu den Kindern suchen und in der schulischen Laufbahn unterstützen möchten? Die fähig sind, die individuellen Bedürfnisse zu erkennen und darauf professionell reagieren möchten?

Und doch ist das System Schule inzwischen so, dass es Lehrkräfte wie meinen jungen Kollegen dazu treibt, aus Selbstfürsorge einen anderen Beruf zu ergreifen, während empathielose Zyniker, die das alles von sich weghalten können und pünktlich ihre rechtlich unangreifbaren Noten eintragen, völlig systemkonform sind? Noch schlimmer, die Zynischen werden auch nicht damit behelligt, dass sie mal an sich, ihrer Resilienz und ihren Entspannungstechniken arbeiten sollen, denn augenscheinlich haben die überhaupt kein Problem mit ihrem Berufsalltag.

Zynismus bei Lehrkräften hat die Robert-Bosch-Stiftung in ihrem letzten Schulbarometer tatsächlich gemessen. Aber nur im Zusammenhang mit Burnout, die anderen Zynischen hätten höchstens ein Freifeld bei der Befragung nutzen können.[77]

In dieser Nacht schlafe ich schlecht.

* * *

---

77 https://www.bosch-stiftung.de/sites/default/files/ publications/pdf/2024-04/Schulbarometer_Lehrkraefte_ 2024_FORSCHUNGSBERICHT.pdf

Postskriptum: Angestellte kündigen eher

»In Baden-Württemberg, Hessen, Rheinland-Pfalz und im Saarland kündigten beispielsweise im Jahr 2022 durchschnittlich weniger als 0,5 Prozent der angestellten und verbeamteten Lehrkräfte. In Hamburg und NRW bewegt sich die Kündigungsquote von Beamten zwar in einem ähnlichen Bereich, die Zahl der Tarifbeschäftigten, die die Schule verlassen, ist jedoch höher. So kündigten 2022 in Hamburg ein Prozent und in NRW zwei Prozent der angestellten Beschäftigten. Über die Motive für den Ausstieg können die Schul- und Kultusministerien der Länder nur wenig Auskunft geben. In Bayern wird nicht einmal unterschieden, ob ein Lehrer gekündigt hat oder aus anderen Gründen nicht mehr aktiv im Schuldienst ist. In Sachsen weiß das Ministerium zumindest, dass mehr als die Hälfte der Lehrkräfte kündigen, um früher in Rente zu gehen. Aus dem Bildungsministerium in Schleswig-Holstein heißt es, die meisten der Lehrer, die auf eigenen Wunsch das Beamtenverhältnis aufgeben, planten einen Umzug in ein anderes Bundesland oder ins Ausland.«[78]

Die, die ins Ausland flüchten, tun mir besonders leid. Ich möchte nicht wissen, was die erlebt haben. Dabei ist Neukölln doch gar nicht in Schleswig-Holstein!

---

78 https://www.fr.de/politik/schulsystem-tbl-schule-lehrer-beruf-aufgeben-mangelnde-attraktivitaet-zr-92708885.html

Lebenslänglich! – Älterwerden im Lehrberuf

Der Abend mit den beiden jungen Leuten ist jetzt ein paar Tage her, aber das mit der Kündigung geht mir noch nach. Vielleicht habe ich auch was Falsches gefrühstückt. Ich habe heimlich einen Kaffee zum Lachsbrötchen getrunken, wer weiß, was das für Auswirkungen hat. Natürlich hat eine Verbeamtung auf Lebenszeit große Vorteile, das streite ich gar nicht ab, aber eben nicht nur. Und die Nachteile bemerken viele erst nach 20 Jahren oder so, wenn sie älter werden.

Ein Drittel der gut eine Millionen Lehrkräfte an öffentlichen Schularten arbeitete 2023 im Angestelltenverhältnis, gut zwei Drittel waren verbeamtet.[79] Die mit dem Beamtenstatuts sind es in der Regel auf Lebenszeit. Das hat Gründe, Vorteile und Nachteile.

Lehrkräfte sind Personen mit sogenannten hoheitlichen Aufgaben, konkret dem verfassungsrechtlichen, staatlichen Erziehungsauftrag. Diesen sollen sie möglichst neutral ausführen, also frei von Partei- oder Lobbyinteressen.

---

79 https://statistik.arbeitsagentur.de/DE/Statischer-Content/ Statistiken/Themen-im-Fokus/Berufe/AkademikerInnen/Berufs gruppen/Generische-Publikationen/2-8-Lehrkraefte.pdf?__ blob=publicationFile

Mit »neutral« – das ist in diesen Zeiten allerdings wichtig zu betonen – ist keine Gleichgültigkeit gegenüber dem Grundgesetz gemeint. Neutral heißt nicht, dass man politische Meinungen, die vom Grundgesetz (und den Landesverfassungen) abweichen, als gleichwertig neben anderen Meinungen stehen lassen soll oder muss.[80]

Um dies alles zu gewährleisten, werden Lehrpersonen mit bestimmten Privilegien ausgestattet, zu denen Unkündbarkeit (außer bei eklatanten Rechtsbrüchen), Beihilfe zur privaten Krankenversicherung, eine gute Vollzeitbesoldung (Teilzeit in Steuerklasse 5 ist dann auch nicht mehr so gut) und eine gute Pension gehören. Das sind alles große, große Vorteile. Die Mehrheit der Lehrkräfte ist trotzdem irgendwann mehr oder minder fertig. So richtig gut und gesund fühlt sich ja nur die Minderheit.

Und das, obwohl die Teilzeitquote im Vergleich zu anderen abhängig Beschäftigten überdurchschnittlich hoch ist. Im Schuljahr 2022/2023 arbeiteten dem Statistischen Bundesamt zufolge 42,3 % der Lehrkräfte in Teilzeit, Tendenz steigend. Besonders Frauen reduzieren häufig ihre Arbeitszeit.[81] Das sind aber nicht nur alles die jungen Mütter! Das würde ja auch biologisch gar nicht gehen, wenn die Hälfte der Lehrkräfte schon 49 Jahre und älter ist.

Weil gleichzeitig gesamtgesellschaftlich die Vitalität von älteren Menschen zunimmt, scheint die Arbeit als Lehrkraft im

80 https://www.dbb.de/lexikon/themenartikel/l/lehrkraefte.html
81 https://www.destatis.de/DE/Presse/Pressemitteilungen/2024/01/PD24_N002_21.html

Alter entweder zu anstrengend oder zu unattraktiv zu sein, um sie bis zum Ende in Vollzeit auszuüben. Obwohl es in allen Bundesländern Stundenermäßigungen für die älteren Kolleginnen und Kollegen gibt. Die bewegen sich zwischen einer und drei Stunden bei Vollzeit, in einigen Landesteilen schon ab dem Alter von 55, ansonsten variieren die Modelle von Bundesland zu Bundesland.[82]

Nur noch 23 statt 24 Unterrichtsstunden, da kann man wirklich nicht meckern! Das macht mit Korrekturen und Vorbereitung dann nur noch eine 55-Stunden-Woche, statt der 60 Stunden vorher. Wer Teilzeit arbeitet, bekommt die Ermäßigung natürlich nicht.

Abgesehen davon bleiben die Arbeitsbedingungen für die älteren Kolleginnen und Kollegen die gleichen wie für die Jüngeren. Das Konzept vom »demografiesicheren« Betrieb braucht sicher noch ein paar Jahrzehnte, bis es sich bei der KMK durchsetzt. Bis dahin wird es leichter umzusetzen sein, denn dann sind alle aus der betroffenen Alterskohorte der Boomer schon beim Berlin-Marathon in der Altersgruppe Ü67.

Man kann auch nicht sagen, dass die Kultusministerien der Länder ihre Fürsorgepflicht nicht ernst nehmen würden. Schließlich zahlen sie einem die Krankheitstage, die Langzeiterkrankungen, die Burnoutkuren und die Frühpension, wenn man zusammenbricht. Das macht nicht jeder Arbeitgeber!

---

82 https://www.kmk.org/fileadmin/Dateien/pdf/Statistik/Dokumentationen/2019-09-16_Pflichtstunden_der_Lehrer_2019.pdf

Ein bisschen leid tun mir die Älteren, die sich mit der Groß-
zügigkeit des Staates schwertun und sich keine Burnoutkur
bezahlen lassen möchten, weil sie so bescheiden sind. Oder
weil sie sich und den Steuerzahlenden den Burnout gern
ersparen würden, aber nicht auf ein verträgliches Maß an
Teilzeit runtergehen können, weil sie von ihrem Gehalt leben
müssen. Für die gibt es praktisch keine Alternativen.

Während die Jungen noch kündigen können und es
bei den Angestellten vielleicht auch noch leichter geht,
würde jede Finanzberatung die Hände über dem Kopf
zusammenschlagen, wenn ich als Beamtin auf Lebenszeit
jetzt zum Beispiel sagen würde, ich möchte kündigen. Nur
so als Gedankenspiel. Ich möchte kündigen und meine
letzten 15 Berufsjahre meine Erfahrung in einem körperlich weniger fordernden Beruf einbringen. Ich sehe schon
die Finanzberaterin vor mir, wie sie einen Schreikrampf
bekommt.

Denn ab einem gewissen Alter sind die Abschläge bei
der Überführung der Pensionsansprüche in die gesetzliche
Rentenversicherung so groß, dass man höchstens so einen
ganz jungen, pickeligen und unerfahrenen Praktikanten
bei der Bank davon überzeugen könnte. Kündigen ist eher
was für die, die irgendwo anders noch sehr viel Vermögen
haben und sich das Dasein als Privatier oder Privatrice so
lange selbst finanzieren können, bis sie dann endlich mit 67
zusätzlich die Pension bekommen, die sie sich durch ihre
Berufsjahre erarbeitet haben.

Wie gut, dass ich gar nicht kündigen will. Immer, wenn mich dieser Gedanke anspringt, höre ich mir den Podcast *Akzeptanz und Umgang mit Stress* an. Denn »anstatt Stress als etwas ausschließlich Negatives zu betrachten, kann ein Umdenken hin zu einem besseren Verständnis und Akzeptanz helfen. Lehrer:innen können [...] lernen, wie man Stress als einen Teil des Lebens akzeptiert und konstruktiv damit umgeht.«[83]

* * *

Postskriptum – Krankheit vermindert die Pension

Lehrkräfte sind kommunale oder Landesbeamte. Für sie gelten die jeweiligen Regelungen der Länder. Doch ein paar grundlegende Dinge gelten für alle.

»Oft vergessen: Beamtinnen und Beamte müssen durch den Abschluss einer privaten Kranken- und Pflegeversicherung selbst Vorsorge für den Teil der nicht durch die Beihilfe abgedeckten Krankheitsaufwendungen treffen. Die Beiträge hierfür sind nicht einkommensabhängig, sondern risikobezogen und erreichen daher gerade im Alter oft eine beträchtliche Höhe; dies mindert letztlich die Netto-Versorgungsbezüge. [...] Die Pensionen sind seit jeher voll steuerpflichtig, während gesetzliche Renten erst seit 2005 allmählich in die Steuerpflicht hineinwachsen. Daher führen gegenwärtig erst überdurchschnittlich hohe Renten oder zu

---

83 Zeitschrift *Bildungspezial* 1/2024, Friedrich Verlag, Hannover, S. 22

Renten hinzutretende Einkünfte regelmäßig zu einer Besteuerung.«[84]

Erst nach 40 oder mehr Dienstjahren beträgt die Pension etwa 70 % der Dienstbezüge der letzten zwei Jahre. Für jedes Jahr, das eine verbeamtete Person vor der gesetzlich festgelegten Altersgrenze (z. B. 67 Jahre) aufhört, gibt es Abschläge.[85]

Das Fünftel, das in die Frühpensionierung entlassen wird, ist im Durchschnitt 59 Jahre alt.[86]

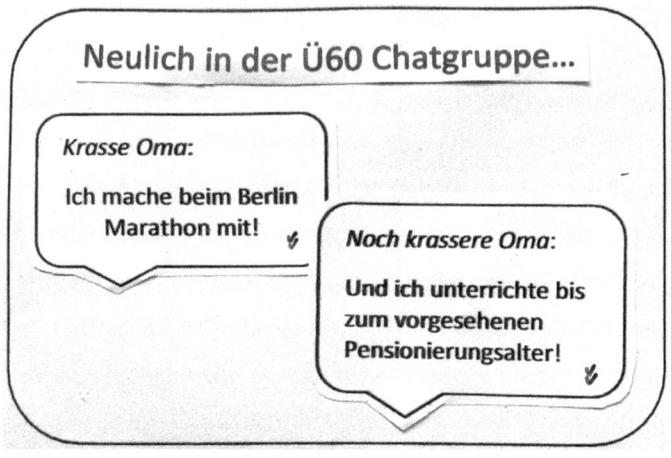

---

84 https://www.bmi.bund.de/SharedDocs/faqs/DE/themen/
   oeffentlicher-dienst/beamte/versorgung/versorgung-liste.html
85 https://www.bmi.bund.de/SharedDocs/faqs/DE/themen/
   oeffentlicher-dienst/beamte/versorgung/versorgung-liste.html
86 Hier wird 58 Jahre als Durchschnitt angegeben: https://www.aerzte
   blatt.de/archiv/170601/Lehrergesundheit
   Hier wird für Baden-Württemberg bei Frauen 59 und bei Männern 61
   Jahre angegeben: https://www.statistik-bw.de/Service/Veroeff
   /Monatshefte/PDF/Beitrag13_10_05.pdf

Ausklang

Seit einem halben Jahr ziehe ich das jetzt konsequent durch. Besser geht es mir allerdings nicht. In der Früh trinke ich jetzt wieder Kaffee. Der Lärm in der Schule ist kein bisschen weniger geworden. Dafür habe ich zwei neue Schülerinnen aus einem globalen Krisengebiet in meiner Klasse, jetzt sind es 32.

Die Gespräche im Kollegium dauern jetzt länger als vorher. Wo es sonst einfach hieß: »Du, wer ist denn die Klassenleitung von Ernie und Bert?« – »Frau Pfeiffer.« – »Danke!«, da zieht es sich jetzt. »Du, entschuldige, wenn ich dich beim achtsamen Essen unterbreche. Ich würde es nicht tun, wenn es nicht wichtig wäre. Darf ich dir eine kurze Frage stellen?« – »Ja, natürlich. Du störst mich doch nicht (von wegen!).« – »Kannst du mir bitte sagen, wer die Klassenleitung von Ernie und Bert ist? Und sind deine Energiebällchen selbst gemacht?« – »Natürlich selbst gemacht! Die Klassenleitung hat übrigens Frau Pfeiffer.« – »Pfeiffer mit drei f?«

Außerdem hängen mir die Shakes zum Hals raus. Ich möchte wieder das essen, was ich will, und trotzdem meiner Arbeit gewachsen sein! Mein Biorhythmus will morgens keine zwei Eier, stattdessen lieber ein Frühstück am Vormittag.

Ich glaube, personenbezogene Änderungen haben irgendwann nicht nur eine Wirkungsgrenze, sondern auch eine Zumutungsgrenze. Das gilt im Übrigen nicht nur für die

Schule, das gilt für alle Berufe. Dann ändert sich entweder etwas an den Strukturen oder man muss aufhören. Deswegen spiele ich jetzt Lotto.

Anhang 1: Selbsttest »Welcher Strategietyp sind Sie?«

Weil ich gern Tests ausfülle, habe ich auch den folgenden Test gemacht. Ich muss sagen, dass ich mit dem Ergebnis nicht zufrieden war!

> Test für Lehrkräfte! Von Alkohol bis Zynismus – mit welcher Strategie bewältigen Sie Ihre beruflichen Belastungen? Erfahren Sie hier, welcher Strategietyp Sie sind.

1. Sie sind krank, doch in Ihrer Abschlussklasse wäre heute die letzte Stunde vor einer wichtigen, schon lange angekündigten großen Leistungserhebung. Wie gehen Sie vor? (Mehrfachantwort möglich)

Sie schleppen sich in die Arbeit und halten die Stunde, damit die Leistungserhebung wie geplant in der kommenden Woche durchgeführt werden kann. (A)

Sie melden sich krank, sprechen aber im Geist ein Achtsamkeitsmantra, in dem Sie sich bedanken, dass Sie nur Grippe und nichts Ernsthafteres haben. (B)

Sie melden sich telefonisch krank und hinterlassen keine

weiteren Informationen für die Klasse, ob die Leistungs-erhebung verschoben oder trotzdem wie angekündigt stattfinden wird. Sollen sich doch andere um die auf-gescheuchten Kinder und Eltern kümmern. (C)

2. Man hat Ihnen kurz vor Notenschluss eine weitere Klasse übertragen, in der noch etliche Noten fehlen. Die Verantwortung für die Zeugnisnoten ist aber an Sie über-gegangen. (Mehrfachantworten möglich)

Um den erhöhten Stress zu kompensieren, legen Sie mehr Wert auf Ihre Schlafhygiene als sonst und erhöhen den An-teil ungesättigter Fettsäuren in Ihrer Ernährung. (B)
    Sie arbeiten mehr als sonst. Und damit ist nicht nur die Zeit gemeint, die Sie zusätzlich bei dieser Klasse im Klassen-zimmer stehen. (A)
    Sie melden sich ebenfalls krank. Wer soll denn das schaffen? Nicht mit Ihnen! Soll doch ein anderer zwei zu-sätzliche Klassen übernehmen. (C)

3. Sie müssen die zunehmende Aufgabenflut (z. B. zu-nehmende Dokumentationspflicht, Kommunikation mit Eltern etc.) bewältigen, ohne deswegen zusätzlich Zeit zu be-kommen. (Mehrfachantworten möglich)

Sie ignorieren die zusätzliche Arbeit. In einem Kollegium mit über 100 Lehrkräften merkt das doch keiner. (C)

Sie arbeiten schneller, indem Sie z. B. gehetzter korrigieren, Gespräche nur noch auf das Nötigste reduzieren und auf diese Art mehr Gespräche führen können etc. (A)

Sie stehen jeden Morgen eine halbe Stunde früher auf, um den Tag mit einem liebevollen Ritual zu begrüßen und auf diese Weise Stressprävention zu betreiben. (B)

4. Sie können abends oft nicht so gut von der Arbeit abschalten. Wie behelfen Sie sich? (Mehrfachantworten möglich)

Sie spüren achtsam in sich hinein, nehmen Ihren Stress wahr und lassen ihn mit ein paar gezielten Atemübungen los. (B)

Sie gönnen sich regelmäßig abends Substanzen (z. B. Alkohol, Beruhigungsmittel). (A)

Diese Situation kommt bei Ihnen nicht vor. (C)

Wenn Sie trotzdem regelmäßig abends Alkohol trinken oder Beruhigungsmittel nehmen, kreuzen Sie ehrlicherweise A an!

Auflösung:

Überwiegend A:

Sie gehören zu den Lehrpersonen, die »selbstgefährdendes Verhalten« als Form der Bewältigung arbeitsbezogener Anforderungen wählen. »Hierunter subsumiert werden Handlungen, die von den Erwerbstätigen zur

Bewältigung arbeitsbezogener Stressoren angewendet werden, jedoch zugleich die Wahrscheinlichkeit gesundheitlicher Beeinträchtigungen erhöhen.«[87]

Sie sind absolut selbst schuld, wenn Sie derartigen Raubbau an sich selbst betreiben!

Überwiegend B:

Sie haben ganz offensichtlich durch Kurse für Lehrkräftegesundheit bereits eine individuelle Verhaltensänderung vorgenommen. Haben Sie aber einmal überlegt, dass die Angebote für Lehrkräfte sehr monothematisch auf verhaltensbezogene Interventionen und kaum auf verhältnisbezogene Veränderungen fokussiert sind? »Psychologische Theorien postulieren, dass für das berufliche Wohlbefinden nicht nur individuelle Merkmale relevant sind, sondern auch die schulische Umwelt in Form von Stressoren und Ressourcen eine wichtige Rolle spielt.«[88] Dazu kommt, dass empirisch einige Zweifel an der nachhaltigen Wirksamkeit von Kursen mit Schwerpunkt Achtsamkeit bei den am meisten gefährdeten Personen bestehen.[89]

Machen Sie trotzdem weiter! Es hilft vielleicht nicht so, wie Sie glauben, aber es schadet auf keinen Fall!

---

87 Schulleitung und Gesundheit. Überblick über Perspektiven, Befunde und Ansätze für die schulische Gesundheitsförderung, in: Die Deutsche Schule. Zeitschrift für Erziehungswissenschaft, Bildungspolitik und pädagogische Praxis 4/2024, S. 344
88 Ebd. S. 398
89 Ebd. S. 397

Überwiegend C:

Sie sind entweder neu im Dienst, völlig naiv, total ab-gebrüht, schon dem uneingeschränkten Zynismus verfallen oder morgen ist Ihr letzter Arbeitstag. Das Burnoutrisiko steht bei Ihnen in einem reziproken Verhältnis zu dienstrechtlichen Risiken.

Wiederholen Sie den Test oder wechseln Sie den Beruf!

Anhang 2: Kopiervorlage für ein eigenes Workbook zum Buch

Im Internet habe ich tatsächlich Dankbarkeitstagebücher und sogar Dankbarkeitsplaner extra für Lehrer gefunden. Für Lehrerinnen war leider nichts dabei. Deshalb habe ich selbst eine Vorlage für ein Workbook entworfen, mit dem sich viele Probleme des Lehrberufs schnell erfassen und lösen lassen. Ich habe es in der letzten Zeit täglich benutzt.

Natürlich weiß ich, dass man positiv formulieren soll, also eher »Was habe ich heute erreicht? Was war heute toll?«, etc. Aber ich finde, dass man die eigene Leistung besser sieht, wenn man das Negative anschaut und den Tag dann trotzdem hinbekommen hat.

Durch mein konsequentes Handeln anhand meines Workbooks konnte ich sogar schon das Problem lösen, nass im Unterricht anzukommen. Wir haben einen Anbau, der ist 150 m entfernt, da muss man schon auf das Wetter achten! Die Kinder haben natürlich ihren Spaß, wenn sie an Regentagen schon durchs Fenster sehen, wie man immer nasser wird. Ich dagegen kann durchs Fenster dann immer schon sehen, wie sie auf mich deuten und sich die Bäuche vor Lachen halten und Grimassen schneiden, weil sie sich so auf meine Stunde freuen!

Datum: ....

Diese Sünden habe ich heute besiegt (bitte ankreuzen):

( ) frisch gebrühter Kaffee/Cappuccino

( ) knuspriger Toast mit Schokocreme

( ) Das Fußballfinale der WM im Fernsehen, denn ich hatte Korrekturen.

( ) Sonstiges: ....

Diese Fehler habe ich heute nicht begangen:

( ) mich darauf verlassen, dass Referate wie geplant gehalten werden, denn natürlich hat jemand gefehlt

( ) Den Regenmantel auf dem Weg zum Anbau vergessen

( ) auf funktionierende Computertechnik vertraut.

( ) Sonstiges: ....

Diese Probleme habe ich durch mein konsequentes Verhalten schon verbessern können:

( ) Die Klassen sind kleiner geworden.

( ) Die Dokumentationspflicht hat sich reduziert.

( ) Die öffentliche Meinung gegenüber Lehrkräften hat sich verbessert.

( ) Sonstiges: ....

Eigene Gedanken zum Tag: ....

....

....

....

Quellenverzeichnis:

(alle Internetquellen zuletzt überprüft am 20. Oktober 2024)

Übersichtsarbeit »Lehrergesundheit« in: Deutsches Ärzteblatt 2015 https://www.aerzteblatt.de/archiv/170601/Lehrergesundheit

Lehren ohne Stress ist möglich, in: Zeitschrift »Bildungspezial 1/2024, Friedrich Verlag, Hannover 2024, S. 21

»Branche Schule« DGUV Regel 102-601, hrsg. v. Deutsche Gesetzliche Unfallversicherung 2019 https://www.unfallkasse-nrw.de/fileadmin/server/download/Regeln_und_Schriften/Regeln/102-601.pdf

»Empfehlung zur Gesundheitsförderung und Prävention in der Schule« (Beschluss der Kultusministerkonferenz vom 15.11.2012), hrsg. v. Sekretariat der Ständigen Konferenz der Kultusminister der Länder in der Bundesrepublik Deutschland 2012 https://www.kmk.org/fileadmin/veroeffentlichungen_beschluesse/2012/2012_11_15-Gesundheitsempfehlung.pdf

»Spaß am Lehrerberuf?« in: Zeitschrift *Pädagogik*, Ausgabe 5/24, Beltz Verlag, Weinheim 2024, S. 38

Blickpunkt Arbeitsmarkt: Akademikerinnen und Akademiker/ Juni 2024, Kapitel 2.8 Lehrkräfte, https://statistik.arbeits-agentur.de/DE/Statischer-Content/Statistiken/Themen-im-Fokus/Berufe/AkademikerInnen/Berufsgruppen/Generische-Publikationen/2-8-Lehrkraefte.pdf?__blob=publicationFile

Statistisches Bundesamt 2018, https://www.destatis.de/DE /Presse/Pressemitteilungen/2018/12/PD18_509_742.html

Lehrkräftemangel. Was die Lehrer*innenbildung tun kann, ZfL Discussion Papers Bd. 11, hrsg. v. Zentrum für Lehrer*innenbildung (ZfL), Universität zu Köln 2023, https://zfl.uni-koeln.de/sites/zfl/Publikationen/discussion-papers/discussion-paper_2023_4.pdf

»Lehrergesundheit« in: LehrerNRW, Ausgabe 7/2017, Pädagogik&Hochschulverlag Düsseldorf 2017, https://lehrer nrw.de/zeitschrift-lehrer-nrw/lehrernrw-de-lehrer gesundheit-3/ und https://lehrernrw.de/zeitschrift-lehrer-nrw/lehrernrw-de-lehrergesundheit-2/

Baustein 2: Gesunder Start in den Tag, Ernst Klett Ver-lag 2023, https://www.klett.de/inhalt/media_fast_path/145/02_Baustein_GesunderStart_Anleitung.pdf

»Aber sichi«: Gut gemeint ist nicht immer gut gemacht, BLLV 2023, https://www.bllv.de/vollstaendiger-artikel/news/aber-sichi-gut-gemeint-ist-nicht-immer-gut-gemacht

Werbekampagne für neue Lehrer, LehrerNRW, https://lehrer nrw.de/lehrernrw-de-titel-15/

Nach Shitstorm: BW startet zweiten Anlauf der Werbekampagne für Lehrerberuf, SWR aktuell 2024, https://www.swr.de /swraktuell/baden-wuerttemberg/werbekampagne-fuer-lehrerberuf-in-bw-102.html

Die Potsdamer Lehrerstudie. Ergebnisüberblick, Schluss-folgerungen und Maßnahmen 2006, https://www.schul psychologie.at/fileadmin/upload/psychologische_gesund heitsfoerderung/LehrerInnengesundheit/potsdamlehrer-studie.pdf

Deutsches Schulbarometer. Befragung Lehrkräfte, Robert-Bosch-Stiftung, Stuttgart 2024, https://www.bosch-stiftung. de/sites/default/files/publications/pdf/2024-04/Schul-barometer_Lehrkraefte_2024_FORSCHUNGSBERICHT.pdf

Männer als Volksschullehrer. Statistische Darstellung und Ein-blicke in die erziehungswissenschaftliche Diskussion. Hrsg. von Bundesministerium für Bildung, Wissenschaft und Kultur, Wien 2005, S. 46 f https://www.gew.de/fileadmin/ media/publikationen/hv/Hochschule_und_Forschung/ Ausbildung_von_Lehrerinnen_und_Paedagogen/Zukunfts forum_Lehrer_innenbildung/190228_MaennerIns Grundschulamt_2018_A4_171218.pdf

Bildungsportal Niedersachen, Portal Arbeit und Gesundheit in Schulen und Studienseminaren, https://bildungsportal-niedersachsen.de/aug/uebergreifende-themen/laerm/gefaehrdungen-und-massnahmen/laermursachen

Wie beeinflusst Lärm Lernen und Gesundheit? BLLV, https://www.bllv.de/akademie/fit-bleiben-im-beruf/akustik-und-laerm/laerm-als-stressursache

Verordnung zum Schutz der Beschäftigten vor Gefährdungen durch Lärm und Vibrationen (Lärm- und Vibrations-Arbeitsschutzverordnung – LärmVibrationsArbSchV)
§ 8 Gehörschutz, hrsg. v. Bundesministerium für Justiz, https://www.gesetze-im-internet.de/l_rmvibrationsarbschv/__8.html

Keine Zeit zum Essen. Sind Trinkmahlzeiten eine Alternative?, in: LehrerNews 2024, https://www.lehrer-news.de/blog-posts/keine-zeit-zum-essen-trinkmahlzeiten-eine-alternative

Lehrer-Überlebenshandbuch: Wie man den Schulalltag mit mehr Gelassenheit angeht, in: Wissenswert. Der Ratgeber der Debeka 2024, https://wissenswert.debeka.de/gelassenheit-fuer-lehrer.html

Gefährdungsbeurteilung in Bildungseinrichtungen, hrsg von Berufsgenossenschaft für Gesundheitsdienst und Wohlfahrtspflege 2021, https://www.bgw-online.de/resource/

blob/20196/ae3563aa6e4cf052a58963db7ad3675e/
bgw04-05-120-gefaehrdungsbeurteilung-in-bildungs
einrichtungen-data.pdf

Arbeitsmedizinisches Institut für Schulen, Gesund und sicher
im Schulalltag, https://www.lgl.bayern.de/arbeitsschutz/
amis/

Psychische Belastungen und Beanspruchungen am Arbeitsplatz,   https://www.arbeitsschutzfilm.de/mediathek/
psychische-belastungen-und-beanspruchungen-am-arbeits-
platz-video_77c3f7114.html

Pschyrembel, Medizinisches Wörterbuch, https://www.
pschyrembel.de/Sensibilit%C3%A4t/K0KRX/doc/

Burnout bei schulischen Lehrkräften, Prof. Bauer, Joachim, Uni-
versitätsklinikum Freiburg 2009, http://www.psychotherapie-
prof-bauer.de/lehrergesundheit.pdf

Personenbezogene Gefährdungsbeurteilung an öffentlichen
Schulen in Baden-Württemberg – Erhebung psychosozialer
Faktoren bei der Arbeit, FFAS: Freiburger Forschungsstelle Arbeits-
und Sozialmedizin, Freiburg 2012, https://arbeitsschutz-
schule.kultus-bw.de/site/pbs-bw-km-root/get/documents_
E1660479435/KULTUS.Dachmandant/KULTUS/Projekte
/arbeitsschutz-schule-bw/pdf/Abschlussbericht_FFAS.pdf

Auf die Gesundheit achten. Was Schulen und Lehrkräfte tun können, Cornelsen Verlag Berlin 2022, https://www. cornelsen.de/magazin/beitraege/lehrer-gesundheit-stress

Burn-Out-Studie. Gefahr für die Schulbildung, Deutschlandfunk 2014, https://www.deutschlandfunk.de/burn-out-studie-gefahr-fuer-die-schulbildung-100.html

Vorausberechnung der Zahlen der Schüler/-innen und Absolvierenden 2022 bis 2035. Statistische Veröffentlichungen der Kultusministerkonferenz, Nr. 237, September 2023, https://www.kmk.org/dokumentation-statistik/ statistik/schulstatistik/vorausberechnung-der-schueler-und-absolventenzahlen.html

Lehrkräfteeinstellungsbedarf und -angebot in der Bundesrepublik Deutschland 2021–2035 – zusammengefasste Modellrechnung der Länder. Statistische Veröffentlichungen der Kultusministerkonferenz, Nr. 233, März 2022, https://www.kmk.org/dokumentation-statistik/ statistik/schulstatistik/lehrkraefteeinstellungsbedarf-und-angebot.html

Kein Bock auf Schule: Warum Lehrer ihren Beruf aufgeben, Frankfurter Rundschau 2023, https://www.fr.de/politik/ schulsystem-tbl-schule-lehrer-beruf-aufgeben-mangelnde-attraktivitaet-zr-92708885.html

Beamtenstatus für Lehrkräfte, DBB Beamtenbund und Tarif-union, https://www.dbb.de/lexikon/themenartikel/l/lehr kraefte.html

Übersicht über die Pflichtstunden der Lehrkräfte an allgemeinbildenden und beruflichen Schulen Ermäßigungen für bestimmte Altersgruppender Voll- bzw. Teilzeitlehrkräfte, hrsg. v. Sekretariat der Ständigen Konferenz der Kultusminister der Länder in der Bundesrepublik Deutschland 2019, https://www.kmk.org/fileadmin/Dateien/pdf/ Statistik/Dokumentationen/2019-09-16_Pflichtstunden_ der_Lehrer_2019.pdf

Versorgung, Bundesministerium des Inneren und für Heimat, https://www.bmi.bund.de/SharedDocs/faqs/DE/themen/ oeffentlicher-dienst/beamte/versorgung/versorgung-liste.html

Allgemeine Betriebshygiene https://www.haufe.de/arbeitsschutz/arbeitsschutz-office-professional/hygiene-1-allgemeine-betriebshygiene_idesk_PI13633_HI2220670.html

Arbeitsschutz in der Praxis, Berücksichtigung psychischer Belastung in der Gefährdungsbeurteilung, Empfehlungen zur Umsetzung in der betrieblichen Praxis, hrsg vom Bundesministerium für Arbeit und Soziales 2022, file:///C:/Users/Downloads/Psychische-Belastung-Gefaehrdungsbeurteilung-4-Auflage-4.pdf

11 Tipps für ein besseres Zeitmanagement im Lehreralltag 2022, https://www.lernbiene.de/blog/11-tipps-fur-ein-besseres-zeitmanagement-im-lehreralltag

Für Freundlichkeit und Lob ist immer Zeit
Plädoyer für mehr Wertschätzung in der Schule 2018 https://www.cornelsen.de/magazin/beitraege/wertschaetzung-schule-heidemarie-brosche

Alterskohorten Lehrkräfte über 45 Jahre, veröffentlicht 2024 https://de.statista.com/statistik/daten/studie/1363311/umfrage/altersstruktur-der-lehrkraefte/

Bundesanstalt für Arbeitsschutz und Arbeitsmedizin, https://www.baua.de/DE/Themen/Arbeitsgestaltung/Gefaehrdungsbeurteilung/Handbuch-Gefaehrdungsbeurteilung/Expertenwissen/Psychische-Faktoren

Schulleitung und Gesundheit. Überblick über Perspektiven, Befunde und Ansätze für die schulische Gesundheitsförderung, in: Die Deutsche Schule. Zeitschrift für Erziehungswissenschaft, Bildungspolitik und pädagogische Praxis 4/2024